和平教育
PEACE EDUCATION
刘成 主编

UNESCO Chair on Peace Studies
NANJING UNIVERSITY
People's Republic of China

EDUCATION FOR
INTERNATIONAL CO-OPERATION AND PEACE
AT THE PRIMARY-SCHOOL LEVEL

全球视野下的小学和平教育

联合国教科文组织 编

吴庆宏 译

南京师范大学出版社

图书在版编目（CIP）数据

全球视野下的小学和平教育 / 联合国教科文组织编；
吴庆宏译 . —南京：南京师范大学出版社，2024.4
（和平教育书系 / 刘成主编）
书名原文：Education for International Co-operation and Peace at the Primary-school Level
ISBN 978-7-5651-5487-4

Ⅰ.①全… Ⅱ.①联…②吴… Ⅲ.①和平学—教学研究—小学 Ⅳ.① G623.102

中国版本图书馆 CIP 数据核字（2022）第 193357 号

Original Title: Education for International Co-operation and Peace at the Primary-school Level
First published by the United Nations Educational, Scientific and Cultural Organization (UNESCO), 7, place de Fontenoy, 75352 Paris 07 SP, France. © UNESCO 1983
Simplified Chinese Translation Copyright © 2024 Nanjing Normal University Press
The present edition has been published by Nanjing Normal University Press, by arrangement with UNESCO.
本出版物所用名称及其材料的编制方式并不意味着教科文组织对于任何国家、领土、城市、地区或其当局的法律地位，或对于其边界或界线的划分，表示任何意见。
本出版物表达的是作者的看法和意见，而不一定是教科文组织的看法和意见，因此本组织对此不承担责任。
This translation was not created by UNESCO and should not be considered an official UNESCO translation and thus it is not responsible for the content or accuracy of this translation.
该文本并非由联合国教科文组织（UNESCO）翻译而成，因此不应被视为官方的联合国教科文组织翻译版本；联合国教科文组织对此翻译的内容或准确性不承担责任。
The present translation has been prepared under the responsibility Nanjing Normal University Press.
All rights reserved.
本书简体中文版经授权由南京师范大学出版社出版发行
著作权合同登记号　图字：10-2022-197

丛 书 名	和平教育书系
丛书主编	刘　成
书　　名	全球视野下的小学和平教育
编　　者	联合国教科文组织
译　　者	吴庆宏
策划编辑	郑海燕　王雅琼
责任编辑	郑海燕
书籍设计	瀚清堂 | 李木以　陈冰菁
出版发行	南京师范大学出版社
地　　址	江苏省南京市玄武区后宰门西村 9 号（邮编：210016）
电　　话	(025)83598712（编辑部）　83598919（总编办）　83598312（营销部）
网　　址	http://press.njnu.edu.cn
电子信箱	nspzbb@njnu.edu.cn
印　　刷	南京新世纪联盟印务有限公司
开　　本	787 毫米 ×1092 毫米　1/16
印　　张	9.75　　字　数　129 千
版　　次	2024 年 4 月第 1 版
印　　次	2024 年 4 月第 1 次印刷
书　　号	ISBN 978-7-5651-5487-4
定　　价	48.00 元

出 版 人　张　鹏

* 南京师大版图书若有印装问题请与销售商调换
* 版权所有　侵犯必究

序

近年来，人们越来越多地意识到：需要从小学阶段针对加强国际理解展开深入教育。值得注意的是，1965 年，联合国教科文组织把国际合作与和平教育联合学校项目从涵盖世界各地的中学和教师培训机构扩大至小学。此后，教科文组织在世界各地合作组织了相当多的国家、地区和国际会议，研究如何发挥小学教育在促进和平方面的作用。在 1979 年国际儿童年之际，小学阶段的联合学校做出了特别努力，开展了大量实验性课堂活动，为了解人权、了解其他国家和文化提供了新的思路，说明了开展地方、国家和国际层面合作的重要性。

很多教育工作者把国际理解教育的目标融入了小学教育中。本书原文由瑞典国际开发署（瑞典斯德哥尔摩）信息司科长拉尔斯·桑德格伦应联合国教科文组织邀请编写而成，显示了这些教育工作者在过去几年形成的许多想法和建议。在起草文稿时，桑德格伦先生与瑞典联合国儿童基金委员会的海伦娜·盖泽利乌斯女士进行了合作。萨莉·奥内斯蒂女士，作为联合国教科文组织的实习生，协助进行了文本的最后修订和完善。在本书的编写过程中，虽然作者享有完全的自由，但仍然在很大程度上依赖于联合国教科文组织和其他联合国组织提供的文件，只是事实的选择和解释都是由他们自己决定，不一定代表教科文组织或任何其他商讨组织的官方立场。

虽然小学教师越来越关注培养年轻人积极参与和平世界建设的责任，但他们却非常缺乏这方面工作的指导手册，希望本书能有助于填补这一空白。

目 录

序　　　　　　　　1
导　言　　　　　　4

第一章　国际理解始于国内　　　　　　　　8
第二章　学校和国际理解　　　　　　　　　10
第三章　小学教育如何促进国际理解？　　　16
第四章　人权：儿童的需要和权利　　　　　20
第五章　其他国家和文化　　　　　　　　　34
第六章　冲突与合作　　　　　　　　　　　60
第七章　有关联合国知识的教学　　　　　　68
第八章　环境问题　　　　　　　　　　　　78
第九章　社会情感教学法　　　　　　　　　104
第十章　评估方法　　　　　　　　　　　　128

附录一　《儿童权利宣言》　　　　　　　　131
附录二　《关于促进国际理解、合作与和平的教育
　　　　以及关于人权与基本自由的教育的建议》　135
附录三　本书中提及的联合国教科文组织的联合学校　148
译名对照　　　　　　　　　　　　　　　　155

导　言

越来越多的人开始意识到，我们生活的世界日益显现出国际社会相互依存的特征。在当今"日益缩小的世界"中，国际理解也许是人类共存最基本的前提。因此，在我们教育体系的各个层面，亟需开展国际理解教育。由于人的许多基本价值观和处世态度都形成于幼儿期，所以在小学阶段引入全球视野下的教育就显得尤为重要。

小学阶段国际问题教育的目的在于：鼓励理解他人，培养责任感、同理心和合作意愿。孩子们亟需意识到，人类生活在一个兼具地方性、民族性和全球性的共同体中，他们的决定和生活方式关系到世界各地其他人的决定和生活方式。

教孩子们国际理解时，应尝试联系他们自己的经验和观察。通过这种方式，学校可以直接帮助他们消除对陌生人群或生活方式的误解、偏见和敌意。教师可以组织学生讨论、分析他们生活中的日常现象，让他们将之与其他国家和文化中的类似现象进行比较。这样，他们就能在全球背景下更好地理解自己的经验。

> 今日成长中的男孩、女孩们有权利也有必要认识到，他们是人类历史上惊人的、全新发展的一部分。现在最伟大的奇迹不是太空飞行或微生物学，而是人类的团结。尽管过去的财富和权力斗争仍会继续，变化有时相当剧烈，但是越来越多的证据表明，国际社会在几乎所有领域都进行了合作。在联合国，迎接下一个世纪的工作正在进行。[1]

上述是伦纳德·S.肯沃西（Leonard S. Kenworthy）所著《帮助男孩女孩们发现世界》（*Helping Boys and Girls Discover the World*）一书的开头语，也可以作为本书的导言，因为本书主要面向小学教师和教师培训师。

本书的目的是尽可能简单、简洁地讨论如何开展课堂教学活动，以便在小学引入国际或全球视野。本书所述的想法和例证来自许多不同的国家和项目，特别是联合国教科文组织的联合学校项目。附录三列出了本书中提到的相关学校清单。

---

[1] Jean Picker, Vice-Chairman of the United Nations Association of the United States of America, in the introduction to *Helping Boys and Girls Discover the World*, New York, United Nations Association of the United States, 1978.

本书在国际教育关注的许多领域提出了一些方案和指导方针，其目的是尽可能将其纳入现有的课程设置而非取而代之。

教师可以采纳不同的方案，在其中发现他们认为最合适的方案。通过这种方式，我们希望今天的学生能够在情感和智力上成长，为所有人创造一个更加美好的世界。

第一章
国际理解始于国内

一个人对事物的根本态度，大多形成于人生最初的四五年。尤其是学龄前阶段，对孩子自我概念、自我与他人关系概念的形成至关重要。这意味着：父母可以影响孩子看待世界的基本方法；孩子爱他人、信任他人、与他人合作的能力，部分取决于父母始终如一的关心和照顾。同样，学前教育工作者也负有特殊责任，要确保孩子在家庭以外的第一次经历是学会在群体中分享、合作和发挥作用。同时，家长和学前教育工作者应教导孩子和平解决他们的冲突。在这方面，成年人必须尽可能保持言行一致，即在自己的争端中要避免暴力，做到言传身教。

其实，父母引导孩子走向国际合作与和平的方法很多。培养孩子对自己及周围环境的积极情感就是方法之一。通过接受爱，孩子可以学会给予爱；通过培养对自己和对亲人的信任，孩子可以学会信任。这样，父母的爱和同理心就塑造了孩子对世界各地其他人的基本态度。此外，父母应鼓励孩子开展合作与提高效率，而非鼓励竞争或为成就而成就，这会改变孩子对自己、对他人和对整个世界的看法。对将成为国际领域积极参与者的孩子而言，他需要有同理心、信任感和合作精神，这些是他从一开始就必须理解的品质。

为促进孩子们的理解，家长和学前教育工作者可以观察他们的游戏及游戏习惯，消解不合作或暴力行为。在媒体传播普遍且影响深远的国家，家长应关注广播和电视节目，以免这些节目可能会破坏家庭和学校鼓励的价值观。因为电视暴力和刻板印象可能会摧毁孩子的想象力，强化刻板而有偏见的社会态度。孩子还可能会接触到对其他民族和国家持有偏见的成年人或朋友，家长和教育工作者必须努力消除这种偏见，加以说服与纠正，以免孩子产生困惑和挫败感。

第二章
学校和国际理解

家长和学前教育工作者影响着儿童最初的全球视野，小学教师在促进儿童的国际态度和对和平与人权的关注方面也发挥着重要作用。因为一些国家既没有提供学前教育，也没有普及中等教育，所以促进国际理解与合作的初等教育就显得尤为重要。研究表明，6—14 岁是儿童对其他国家及其文化观念形成的关键期。因此，小学教师在这方面负有特殊的教育责任：他不仅要在这一时期提高学生的实际知识和基本技能，还要影响他们的文化敏感性、公民责任感和人道主义责任感。

因此，教师应该意识到他们的态度和价值观对学生的影响，应该努力让学生蔑视刻板印象，并培养学生以开阔而公正的视野看待世界及其人民。教师应该记住，偏见并不罕见，而且往往很难消除。他们自然应该利用一切机会，进一步巩固和发展学生在家庭和学前教育机构内取得的进步。

虽然国际合作、和平与人权等概念似乎过于抽象，甚至与儿童获得认知技能无关，但事实上，这些议题可以适当地应用于小学的任何课程。事实证明，这些领域的教学有许多实用的方法，其中包括不少可能早已为人熟知的方法，例如展示手工艺品、讲授关于联合国及其专门机构的知识、参与国际合作等。其他还有一些适用的方法，如特别用来鼓励公民责任感、文化敏感性以及和平承诺的方法，或用来解决问题和培养社会情感的技巧等。

本书后面内容中会对这些不同的方法展开讨论。考虑到世界各地教育体系的多样性、各不相同的学术关注点和社会经济条件，教师可从中选择最适合自己课堂教学的方法。

在一些国家和地区，大多数小学教师要负责所有科目的教学，因而有机会在不同课程教学中协调国际理解和世界事务方面的教学。令人高兴的

图 2-1　所有文化的尊严与平等，联合国教科文组织 / 萨尔萨

是，这种跨学科的方法使学生避免了抽象而孤立地学习国家、文化、人权和环境知识，并使国际舞台成为他们可以直接参考的框架和学习课程。学生在日常学习过程中，强化了全球、地方和国家的观念。虽然学校的所有课程都有助于达成这一目标，但最有效的方法是在几门课程中，不一定是在全部课程中，学习一个特别的主题。

在完整的学校课程设置中，加入一个协调良好的国际课程，这并非像看上去那样令人不知所措。为创建课程或提出可纳入小学课程的合适的替代方案，世界各地的教师团体已经一起行动起来。例如，来自瑞典瓦斯特拉斯的一个小组，提出了一系列他们认为有助于培养国际意识和国际理解的主题，并提出了两种总体教学方法：其一是比较人们的普遍观念、活动和体验（如假期、交通、家庭生活、季节等），揭示各国的异同；其二是将外国事例纳入日常认知学习过程。第一种方法通过扩展一般知识，第二种方法通过把认知技能作为更间接的文化意识基础，为儿童的学习体验增加一个国际维度。为了说明如何利用地理、自然科学和数学的课程教学加深国际理解，瑞典的这个小组还提供了一些有趣的案例。例如，他们在地理课上，考察瑞典乃至世界各地的捕鱼活动；在自然科学课上，讨论其他国家的人口、食物和能源问题；在数学课上，为拓宽学生的视野，在进行常规教学的同时，比较瑞典和印度的生活。[1] 下面两个案例展示了他们所采取的方法。

---

[1] *Alternative*, No. 1, 1976, published by the Swedish United Nations Association, supported by the Swedish International Development Authority (SIDA) and the Swedish UNICEF Committee.

案例一

赫玛拉达，12岁，住在印度南部的一个小村庄里。这个村庄叫塞梅杜。她正在村里的商店购物。她买了2升水牛奶、1千克盐、2根香蕉、0.75千克麸皮、2.5千克大米。

（a）赫玛拉达要付多少卢比和派萨？

（b）这相当于多少瑞典克朗？

（c）查明同等商品在瑞典的价格。

案例二

赫玛拉达的叔叔在马德拉斯的一家工厂工作。

（a）印度的工厂工人每月挣多少钱？他为自己和家人租一所小房子需要多少钱？他的工资中用于房租的比例是多少？

（b）查明一个瑞典的工厂工人每月的收入，以及他在瑞典租房的费用。

表1 价格实例对比表（1976年）

类别	印度	瑞典
牛奶	1.00 卢比/升	
盐	0.30 卢比/千克	
大米	1.35 卢比/千克	
香蕉	0.08 卢比/千克	
麸皮	2.10 卢比/千克	
小房子租金	100 卢比/月	
工厂工人的工资	350 卢比/月	

注：在印度，1卢比=100派萨，1卢比=50欧尔；在瑞典，1克朗=100欧尔。

显然，教师可以运用想象力，借助同其他国家人民生活方式相关的事例、书籍和图片，轻松地将国际要素融入任何课堂，从而强调人类生活的许多相似之处，并让学生认识到各国文化和社会经济的差异性。事实上，对那些要将基础课程设置"国际化"的教师来说，有关联合国项目、艺术和艺术家以及世界各地环境问题的参考资料，只是他们众多可选择材料中的一小部分而已。

第三章

小学教育如何促进国际理解？

在以下各章内容中，我们将讨论五个特别适合在小学阶段促进国际理解与和平的主题。

它们是：

> 1. 人权：儿童的需要和权利
> 2. 其他国家和文化
> 3. 冲突与合作
> 4. 有关联合国知识的教学
> 5. 环境问题

这些主题之所以有用，是因为它们鼓励学生超越地方和国家视角，获得国际视野。我们建议，如果可能的话，这些主题应该在教学中反复出现。

为促进这些主题的教学，我们将介绍世界各地的学校中已开展的相关活动的具体事例。我们所涉及的许多学校都参加了联合国教科文组织的联合学校项目。该项目创始于1953年，旨在促进国际理解与和平教育。1980年，该项目在74个国家约1400所中小学和教师培训机构中实践。我们鼓励联合学校在学年中的现有课程框架内，就上述五个主题之一开展特别活动。这些活动的目的在于开发新颖有效的国际理解教育的教学方法、技术和教材。我们邀请联合学校参与交换项目，相互通信，并向联合国教科文组织秘书处报告项目情况，以便该组织可通过其半年期出版物《校内国际理解》（*International Understanding at School*）在全球范围内传播它们的经验。这里引用的许多事例都直接来自联合学校最近的报告。

这些事例通常依靠的不是照本宣科，而是"做中学"的教学技巧。这是因为责任感、理解力和合作精神等抽象概念很难单独用文字来传授。教师发现，由于人们对事物的态度并非总是只受事实记忆的影响，仅仅靠学习联合国或世界历史的知识，并不足以让学生学会尊重人权和其他文化，因而必须采用新的教学方法。

不过，即便采用了更有效的教学方法，学校对学生的影响依然有限。教育变化并不总能带来社会变化，社会拒绝学习的东西，学校是教不了的。"孩子们按照我们做的去做，而不是按照我们说的去做"，这是教师和家长都熟悉的一条公理，可以用很多不同的方式来解释：如前所述，电视可能会助长刻板印象和暴力；成年人的行为和社会制度也可能会助长对异性、种族、宗教和国家的偏见。如果学校本身就是歧视和不公正的例子，那么无论学校教授的课程有多么生动，都不太可能克服这些偏见。因此，无论是现在还是未来，要想尝试通过教育来影响学生的行为，就得首先研究学校及其周围环境在相关学习内容中的作用。

如果我们肯定学生的周围环境是影响其态度和行为的重要因素之一，那么我们就必须将这种环境作为研究的对象，尤其是在我们教授上述五个国际理解与和平主题时。当教授本地社区运作方式时，我们应该既展示实际状况也展示理想状况，让学生认识到现实和理想之间的差异以及他们应该如何从现实走向理想，培养他们对社会、国家和世界事务的主动参与意识，包括进行调查、评价和思想改进，由此让学生学会质疑现实和创造未来。

同时，作为课业补充，许多教师还应鼓励学生积极参与一些家庭、学校或本地社区的项目或工作。这样，理论学习和社会实践相辅相成：理论学习帮助学生理解课外项目的社会意义，社会实践则使学生拥有应用学术知识的第一手经验。这会让他们学到理论推理和实践的区别，学到"说"比"做"容易，完成一项工作既需要行动也需要合作。

第四章

人权：儿童的需要和权利

人权教育可以从儿童第一天上课开始，但儿童不必为了理解和执行联合国《世界人权宣言》而背诵那些条款。尊重人权、体谅他人的困境并愿意开展国际合作，这些都源于儿童在家庭、课堂和社区中的社会经验。小学教师教育工作的一部分，就是以家庭教育为基础，向学生传播对自我和他人的尊重。

尊重自我和他人，这与同理心和慷慨等其他情感一样，无法"教"，却必须学。许多教师认为，教师作为学生的榜样，尊重学生是教师"教"尊重的最佳方式之一，就是说教师要倾听和理解学生，且始终言行一致。另一种"教"法则是支持学生之间的合作和分享，同时限制自私和攻击性行为，让学生学会不管他是否愿意，都必须恭敬行事。通过教师的行为和课堂"礼仪"，小学教育可以显著增加儿童对人权的尊重。

责任和担当

除了促进儿童对他人权利的承认和尊重外，小学教师还可以通过把学生培养成为社区活动积极而负责任的参与者，来努力实现国际理解与合作目标。这有助于教育儿童理解独立与依赖、自主与合作之间的相互作用。

研究表明，责任感能给儿童带来自豪感和社区精神，让他们明白完成一项工作的重要性。随着儿童在学校的时间越来越多，学校对此类培训的责任也越来越大。在任何一所学校，要培养儿童在地方、国家和国际不同层面开展合作的积极态度，儿童的责任感和参与课堂活动的满足感都很重要。对学生而言，通过主动、具体的学习体验，国际理解与合作、团结和责任感会成为有意义的概念。

具体来说，教师可以组织许多不同的活动，让学生承担一定的责任。在小学最初几年里，与日常活动有关的小任务，如轮流做"家务"、分发材料或食物，以及一般的整理任务，可以教会学生参与事务、分担责任和保持整洁。之后，学生可以在学校里承担更大的责任，如在有咖啡屋的学校里，轮流服务和清理桌子等。如果环境允许，全班可以种植校内共享的蔬菜或水果。

许多教师通过让学生参与项目，让他们承担特定的责任，成功地培养了学生的责任感。就如一些联合学校报告的那样，这些项目可能同国际理解与合作有关。

例如，在马耳他，一个关于希腊的项目涉及几门课程，每门课程的学生组成一个特定的"兴趣小组"，如希腊戏剧、神话、交通、工业或建筑。教师们写道，学生喜欢并以在课堂上开展这些小组活动为傲。在马耳他的另一所学校中，学生参加了各种文化活动，比如帮助打扫一座中世纪教堂；然后作为导游，组织其他班级的孩子去参观。在菲律宾，一所小学的学生在庆祝联合国周之际，学习并表演了其他国家的民族舞蹈。在德意志联邦共和国[1]，学生准备了艺术品和手工制品，参加联合国教科文组织的义卖活动，用所获得的收入帮助尼泊尔的童子军。在准备过程中，教师和学生一起工作。学生因为自己对义卖的贡献而感到非常满足，并对国际合作有了更深刻的理解。

学生参与社区生活有一个很好的事例，那就是菲律宾在阿巴诺试点小学发起的一个项目。该项目被命名为"全国绿色革命参与运动"，强调"通过理解和尊重所有民族，促进更好的生活"。该项目在 1979 年 10 月至 1980 年 3 月间推行，有 1506 名学生参与。一些相关活动证明了其推广

1　Federal Republic of Germany，今德国，本书中其他处也同此解释。——译者注

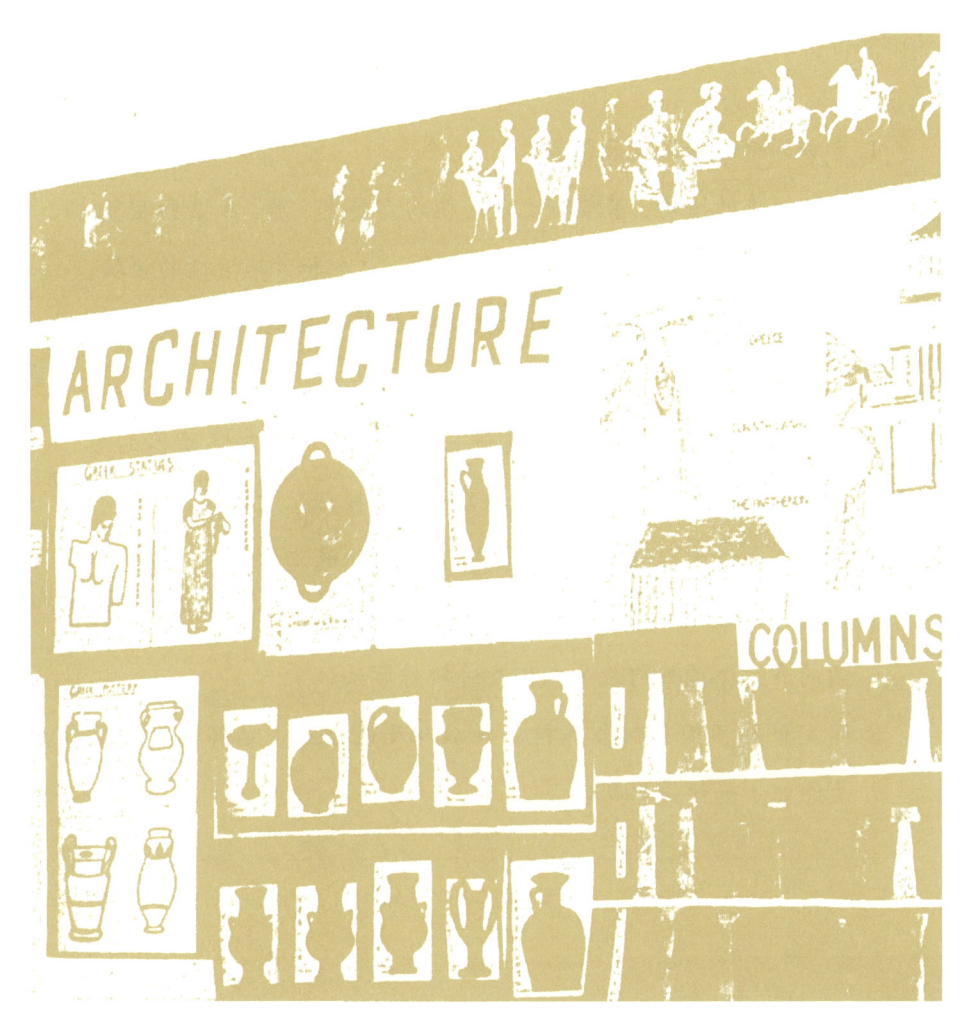

图 4-1 马耳他一所学校展示的关于希腊的项目

的可能性，具体事例包括：

1. 参加家庭和社区美化活动。
2. 种植简单的植物，了解有生命的植物需要光、水、土壤和空气。
3. 列举并说明世界各地通过船只、飞机、火车和卡车运输的食物。
4. 描述一个人与他人相处的方式，如共享、互助、善待他人和尊重他人财产。
5. 为教室内和操场上安全、友好而有序的生活，制定简单的规则和标准。画图展示"学生在家和在学校帮忙的方式"。
6. 向儿童介绍国际红十字会等人道主义组织的工作。
7. 讨论雨水如何带走土壤；了解为使土地更有生产能力，联合国的有关机构如何教导人们改进耕作方法。
8. 研究世界各国如何合作控制疾病以及联合国（尤其是世界卫生组织）如何提供帮助。

儿童的需求

责任感与合作精神，能让儿童形成一种尊重自我和尊重他人需求的意识。这构成了学习人权，尤其是儿童权利和需求的情感基础。教儿童了解他们自己的权利，把学习个人权利和人与人之间以及国与国之间的相似结合：说明每个儿童既是独特的，又具有世界上所有儿童共同的特点。个人需求的普遍化，加上对他人尊重意识的不断培养，能使儿童普遍感觉到，他们不仅应该参与家庭、学校和社区生活，而且应该维护人类的整体性和

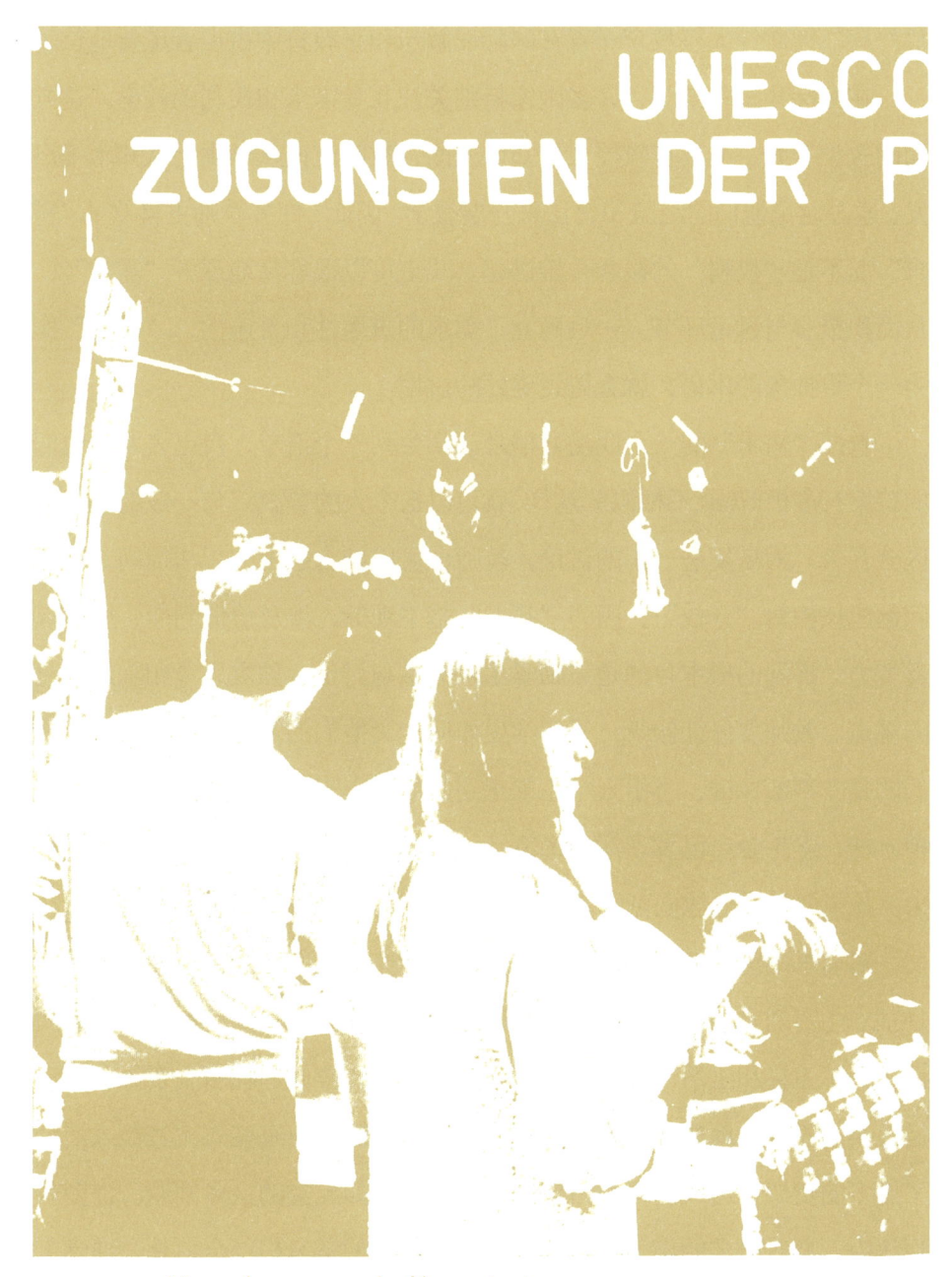

图 4-2　德意志联邦共和国一所学校开展的联合国教科文组织义卖活动

尊严感。因此，人权教育一直在国际理解与和平教育中占据着重要地位。

在国际儿童年期间，许多国家特别关注儿童需求和权利的教学。这方面的教学表明，尤其在教授人权知识方面，教师应该从学生的认知水平出发，通过讨论他们的经验和想法来开展教学。因此，许多教师更喜欢从"需求"而不是"权利"的概念开始讲起。儿童可以很容易地理解"需求"，从而积极参与讨论环节。一旦确立了需求的重要性和普遍性，"权利"作为一个更抽象的术语，就会得到更好的讨论。

教授"需求"的一个成功方法是让学生列一个清单，自己去发现他们的答案有多相似(或不相似)。这样，就可以把个人的"需求"与一般的"需求"区分开来。为激发进一步的讨论，教师也可以结合学生的想法提问。这些问题应该相对"开放"，因为"答案"是主观的，涉及价值判断、情感以及智力。提问的根本目的是鼓励学生积极参与讨论、独立思考和陈述自己的观点。教师要仔细倾听，了解学生如何定义他们的需求和权利，以及他们的是非判断标准，再引入学生未想到的新视点来丰富讨论内容。通过这种方法，学生会自己发现活动的意义。他们得出的结论将是自己思考的结果。最重要的是，他们可能会对人类需求和权利的实质有更深入的理解。

对需求的讨论使学生有机会探索欲望和需求之间的差异，并定义什么是基本生存需求的充分满足。说到这里，学生可能会从伦理和生态方面质疑：为了生存和生活"好"，人们必须、通常和应该消耗多少资源？为满足人类的需求，地球能接受多少资源的枯竭？为什么有些人比其他人消耗了更多的资源，造成的环境污染更多？产生诸如此类的众多问题。许多教师认为，把对需求的学习与对道德和生态极限的学习相结合，是在课堂上介绍世界和发展问题的极好方式。

了解个人和普遍的需求，了解需求和欲望之间的差异，了解世界人民需求满足度的不平等，这些可能会引起学生讨论社会的不公正，讨论如果要让世界成为种族和生态方面"更美好"的地方，必须发生怎样的变化。在小学低年级，教师可能希望专注于解释一些基本概念，诸如在各地分享和满足人类生存需求的重要性；在小学高年级，教师则可能希望引入人权学习的历史、政治和科学的维度。在所有这些知识的学习中，可以讨论的观点包括所有人都相互依赖、所有人都有责任帮助彼此生存，以及从社会公平来说，每个人都有权利确保其最基本的需求得到满足。

儿童权利

在对人的需求进行讨论之后，权利的相关性和重要性，即社会对个人的义务，现在就一清二楚了。所以，这里可能会引入更大的人权概念。人权不仅仅是理论或哲学用语，也是拥抱并支持人类需求的东西。

与学习"需求"概念一样，关于人权的教学最好从儿童权利入手。启动这个主题的极好方法是：从学习1959年11月20日通过的联合国《儿童权利宣言》[1]（以下简称《宣言》）开始，并以此作为讨论的出发点。《宣言》为全世界公认的原则提供了一个有益的视角，并因其普遍性而值得关注。令人遗憾的是，很少有儿童听说过他们的《宣言》，这可以从以下事实中得到证实：1979年12月国际人权日，在被邀请到联合国教科文组织的大约40名巴黎各校的小学高年级学生中，大多数人不知道这个《宣言》的存在。这种情况肯定在很多国家都差不多。

教师不妨选择《宣言》中与学生的学习和理解水平特别相宜的两三个

---
1 参见附录一。

原则来讨论。例如，原则四规定，儿童"有权健康地成长和发展"。健康的环境包括"有权得到足够的营养、住房……和医疗服务"，所有这些都与儿童的日常生活相关。原则七宣布"儿童有受教育的权利"，这是另一个与学生经验直接相关的概念。健康和教育原则都关乎世界各地儿童能理解的普遍问题。此外，它们作为人类生活的基本原则，会在《世界人权宣言》等许多其他国际文件和宪章中反复出现，因此它们会把儿童引入国际人权事业的广阔领域中。

许多联合学校发起并参与了人权研究项目，特别是健康权和教育权方面的研究项目。例如，在社区层面，墨西哥小学生在当地诊所和医院研究了儿童保健；在菲律宾，儿童参与了一场帮助贫困和残疾儿童的运动（在《儿童权利宣言》原则五中提到），并制作海报宣传贫困和被忽视儿童的需求与权利；在印度，城市学校与乡村"结对"，在村里组织志愿者团队，负责开展扫盲、卫生和劳动等工作，采取切实措施改善经济和教育结构；在奥地利，小学高年级学生学习了该国人权的历史发展及其在奥地利宪法中的体现。

图 4-3 菲律宾一所学校开展的儿童权利项目

第四章｜人权：儿童的需要和权利

图 4-4　墨西哥小学生正在研究当地的儿童保健

图 4-5　德意志联邦共和国国际儿童年海报

在国际层面，在研究社区和国家的过程中或之后，许多教师通过组织致力于服务儿童和帮助贫困儿童的"国际"节庆活动，讲授人权知识。节庆活动通常涉及整个学校和社区，学生参加与其他国家儿童有关的戏剧、游戏、歌曲和舞蹈等。例如，在希腊、印度尼西亚、尼泊尔和德意志联邦共和国，儿童通过此类节庆活动筹集资金，并捐赠给与儿童有关的人道主义组织，如联合国儿童基金会（UNICEF）。

许多教师发现，讲授联合国及其专门机构［如联合国教育、科学及文化组织（教科文组织）和世界卫生组织（世卫组织）］的知识，以及这些组织为儿童教育和健康所做的工作是很有用的。例如，在瑞士，儿童学习与了解非洲的河盲症后，自愿为联合国、世卫组织和世界银行在这方面的工作筹集资金。

在许多国家，教授人权的另一种流行方法是：让儿童在《世界人权宣言》原则或有关人权的文学作品启发下，创作绘画、戏剧和故事，如发表诗歌《和平：不可战胜的希望》[1]。塞弗尔学院有一个班的学生，花了五个月的时间研究"不同的人"这个主题。他们一开始就学习了《儿童权利宣言》，并且书写了反映儿童权利原则的诗歌和故事。他们的作品讨论了受教育权、获得食物和住所权与和平生活权。劳伦特·斯皮斯的一首诗，体现了作品的高质量和深思熟虑：

　　　　和平，战争，生，死，

　　　　　不幸的孩子，

　　　　　幸运的孩子，

---

[1] Madeleine De Vits, *La paix, invincible espoir,* Brussels, Jaques Antoine,1978.

为什么要区分他们，

当他们都站在同一个地方？

饥饿的孩子们，

看起来很伤心，

当所有种族，

面对面的时候，

他们不知道该怎么办，

除了战争。

至于原子弹，

这不是喜剧。

打开大灯，

唤醒这个噩梦！

幸运的孩子，

不幸的孩子，

为什么要区分他们，

当他们都站在同一个地方？

  类似这样的特殊项目，让孩子们有机会积极地、创造性地参与他们对人权主题的研究。

  于是，学生了解到，从个人到国际社会，存在许多层面的需求和权利，世界各地的人们，无论他们住在隔壁还是很远的地方，都有基本的人的需求和满足这些需求的权利。由此，他们明白了一个道理：尊重他人是与承认他人的需求和权利分不开的。

图 4-6 比利时学校学生学习日本文化

第五章
其他国家和文化

引言

国际理解与和平教育包括学习其他国家的知识和文化。如果不了解世界上各种各样的风土、习俗和信仰，儿童就很难理解"人类大家庭"的组成方式，即各民族之间的相互关系：各民族作为人类的组成部分，既享有共同的基本特征，又表现出重要的文化差异。在小学初始阶段，教师可能更喜欢强调人类生活方式之间的基本相似性，因为年龄较小的儿童无法理解深刻的文化差异，而年龄较大的儿童则能够更深入地了解不同的社会。

学生对不同信仰和生活方式的研究越深入，就越不可能产生刻板印象和偏见。如前所述，儿童容易受到其社区普遍存在的对其他种族和文化怀有偏见的影响，这些偏见源于对人类差异缺乏了解和接纳。因此，学校在帮助解释为什么存在这种差异和肯定这种差异的文化效度方面发挥着特殊作用。

让学生了解其他国家，也可以使学生更了解自己的国家和文化，因为讲授其他国家文化的实用教学方法之一是与本国情况进行比较。一旦讨论的问题和比较内容直接涉及自己和他人的风俗习惯，学生往往会变得活跃和兴奋。

不过，对于大多数儿童，许多教育者都赞成最好让他们先学习、了解其本国的社会和文化群体，然后再学习、了解国外的相同群体。根据1974年联合国教科文组织《关于促进国际理解、合作与和平的教育以及关于人权与基本自由的教育的建议》[1]（以下简称《建议》），小学初始

1　参见附录二，第135页。

阶段的教育应该"使儿童……通过直接体验,提高和扩大他们对越来越大的团体——家庭、学校,然后是地方、国家和世界团体的归属感"(第六部分第24条)。

研究家庭

研究家庭是向儿童介绍其他国家和文化而被广泛使用的一种方法。伦纳德·S.肯沃西在《帮助男孩女孩们发现世界》一书中建议:

> 对全国其他地区的本土家庭进行研究。在完成这项工作之后,大概应该在第二年,再精心挑选几个世界其他地区的家庭进行研究。这样,可以把在全国家庭研究中获得的概念和总结用于对新环境的检测中。[1]

肯沃西指出,在小学阶段,研究家庭有两种普遍的方法。第一种方法是让儿童积极地,即使只是暂时地想象自己是其他文化的一部分,以此培养他们与所研究家庭的亲密感。因为儿童对于他们无法理解或口头表达的概念,往往可以从情感上理解。这种方法利用了儿童的常规游戏习惯——经常想象自己是其他地方的其他人。通过角色扮演,他们能够参与其中并从经验中学习。他们既是他人,又是自己。他们开始对共存的不同生活方式、肤色和宗教信仰,有一种似曾相识感。这种角色扮演

---

[1] Leonard S. Kenworthy, *Helping Boys and Girls Discover the World*, New York, United Nations Association, 1978, p. 15.

可以包括各种情境，如"儿童白天的日常生活"、"母亲白天的日常生活"、"父亲每天的日常生活"、"家庭时间"、"做饭和吃饭"、"儿童玩的游戏"、"儿童唱的歌"、"在市场上"、"过新年"等。教师也可能想给儿童讲其他国家的故事、神话和传说，然后让儿童表演他们特别喜欢的不同情境。

第二种方法是研究家庭本身的各个方面及其作用。肯沃西构建了一个详细的图（见图 5-1），从多个方面来研究"当今家庭"。[1]

图 5-1　肯沃西构建的圆轮图

1　Leonard S. Kenworthy, *Helping Boys and Girls Discover the World*, New York, United Nations Association, 1978, p. 16.

一般来说，某些元素（如圆轮右侧的元素）特别适合非常年幼的儿童，而年龄稍大一些的儿童则可以研究整个"圆轮"。每个扇区都可以通过各种方法进行教学，包括利用书籍、地图、报纸和杂志文章，以及照片、绘画、文学和音乐作品。

年龄稍大一些的儿童可能会研究世界各地众多不同文化背景的家庭。教师可能希望向学生介绍不同文化区域，包括非洲、盎格鲁－撒克逊、日耳曼－斯堪的纳维亚、印度、拉美、阿拉伯、斯拉夫等地区。

另一种有效的方法是研究其他国家的儿童。在国际儿童年之际，波兰的一所学校首先组织了一场关于"波兰——快乐童年之国"的庆祝活动，随后研究了玻利维亚、塞浦路斯、尼日利亚和越南的儿童状况。

研究社区

正如前面引用的联合国教科文组织的建议中提到的，在研究了家庭之后，合乎逻辑的下一步是研究社区。社区比家庭更大、更复杂，因此通常不会在小学的头两年开展学习和研究。然而，在第三年和第四年，教师通常会关注他们当地的社区，以及本国其他地区的社区，甚至希望讲授别国的社区情况。

像家庭一样，社区涉及很多方面。研究社区问题的方式可以类似于肯沃西"圆轮"的方法，或者教师可以针对非常大而且成分复杂的社区，更多地集中研究该社区中的一两个群体及其生活方式。例如，东京与纽约是姐妹城市，东京新宿区西山小学与纽约皇后区 104 学校是姐妹学校。为了让五年级学生了解美国的生活，西山小学开展了一项实验，并报告了该实验的结果。

课上集中讨论数量有限的题目。先放映有关纽约艺术的幻灯片，然后鼓励学生讨论他们对这座城市的印象。再展示和讨论纽约的照片。在另一节课上，主要先阅读一本关于修建布鲁克林大桥的小书，然后学生通过表达对工人及其努力的态度，进而思考世界上许多城市的工人们对工作有着怎样相似的情感。

接着，学生会细想自己的环境，开始欣赏城市之间的差异，并学会如何对城市进行总体比较。学生对纽约的种族多样性既惊讶又感兴趣。

这样的课堂，引入了许多对道德观念和对他人感情的思考。有一节课，学生用录音机播放两国国歌，然后写下对国歌的看法及感受。

基本的教学方法是以单个城市（纽约）而不是笼统的城市为研究对象，并以该城市内的单个事件（修建布鲁克林大桥）和单个群体（桥梁工人）为关注焦点。围绕着这个基础，丰富多样的体验活动赋予学生对城市生活的总体考虑，既加深了他们对自己的周围环境和生活的理解，也加深了他们对其他地方人们的周围环境和生活的理解。

国内不同文化的研究方法

对家庭和社区进行研究的另一种方法是聚焦本国的情况，这种方法特别适用于城乡之间缺少相互交流的国家，或族裔、宗教团体众多的国家。既然国际理解与和平始于国内，那么教师在教学生了解不同文化时，就可能想先利用国内多元社会的资源。

联合学校最近报告了这种国内探索的例子。例如，在菲律宾碧瑶市，

一所学校开展了一项"山区文化研究":

> 该项目旨在通过更多地了解菲律宾不同部落的文化,增进菲律宾人之间的友谊和理解。
>
> 学生进行了大量的研究。他们阅读各种书籍,采访山区居民,做剪报。他们还了解了很多习俗、传统、歌曲和舞蹈,并收集了一些手工艺品。该项目形成了一本令人印象深刻的专辑,其中包含了大量关于山区生活方式的信息,以及许多图片和报纸文章。[1]

同样,毛里求斯的一所多种族学校开展了一个特别研究项目,针对毛里求斯社会的不同族裔群体,研究各群体的地区来源(亚洲、欧洲和非洲)和移民毛里求斯的原因。教师写道:

> 学生单独研究每一种文化,内容包括人口、宗教、职业、习俗、舞蹈、节日等,然后追溯每个民族在毛里求斯历史上所发挥的作用。
>
> 针对今日毛里求斯,项目第二阶段的研究提出了两个关键问题:其一,"有没有可能在一个多种族、多宗教的社会中,创造一种共同的毛里求斯文化"?其二,"在所有人都朝着一个共同目标努力的同时,每个人及其不同信仰、传统和社会才更为现实"?
>
> 在回答这些问题时,要考虑几个因素,如社会壁垒的破除、异族通婚、通用语言、城市化和教育等。[2]

---

[1] *International Understanding at School* (UNESCO, Paris), No. 35.

[2] *International Understanding at School*, op. cit., No. 34, p. 37.

显然，这类项目的研究方法和实质，与对国外其他文化的研究类似。了解和同情他人以及任何其他地方的不同生活方式，总是有助于学生理解各地的人民。

图 5-2　美国一所学校的孩子们正在观看来自欧洲国家的手工艺品

研究国家

在小学高年级，教师可能希望学生开始研究其他国家，以此作为研究家庭和社区的自然延伸。一些教师可能更喜欢深入研究一两个国家；而像研究社区那样，另一些教师可能会从世界不同地区精心挑选一个群体。肯沃西就国家的选择提出了一些基准，例如：（a）邻国；（b）代表不同文化区域的国家；（c）学生祖辈的国家；（d）有足够学习材料的国家。不过，他强调重要的不是研究哪些国家，而是怎样研究它们：

> 在研究任何国家时，你都需要搜集大量的事实，而这些事实有许多会随着学生的成长而发生变化。也许你的学生能学到的最重要的知识就是发现如何看待任何一个国家。[1]

对一个国家的观察研究，应涉及整个国家及其所有地区、民族、机构等的历史变化，由此才能形成一个国家的"全景图"，让学生看到一个完整国家的各个部分：土地、人民、风俗和信仰、谋生手段、制度，以及艺术和自我表达的手段。这种研究能使学生了解别国的整个社会体系，并将其与他们生活的国家进行比较，而他们原来往往认为本国的一切都是理所当然的。

既然对一个国家的观察涉及时间因素，那么，至少应该让学生了解这个国家到目前为止的简要历史，并且应该允许他们对未来做出一些有根据的预测。最后，了解一个国家还包括研究它与世界其他地区在商业、

---

[1] Leonard S. Kenworthy, op. cit., p. 20.

政治、外交等方面的关系。基于这些想法，肯沃西构建了一个模型（见图 5-3）。

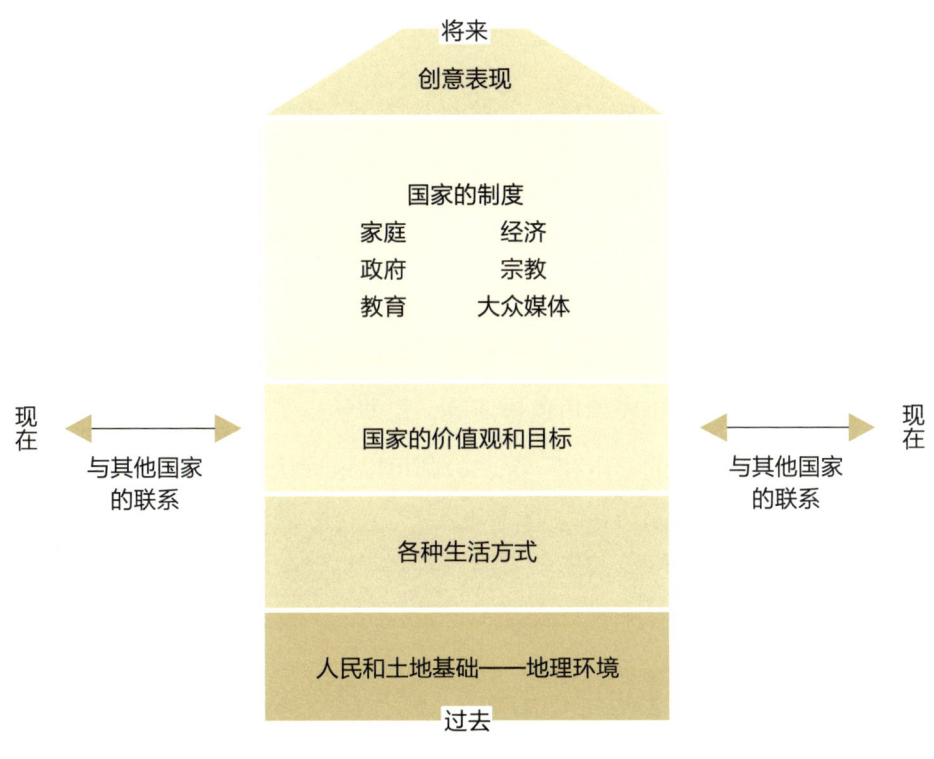

```
                            将来
                          创意表现

                         国家的制度
                      家庭      经济
                      政府      宗教
                      教育      大众媒体


现                                                              现
在  ←——→         国家的价值观和目标         ←——→              在
   与其他国家                                     与其他国家
   的联系                                         的联系

                        各种生活方式

                  人民和土地基础——地理环境
                            过去
```

图 5-3　肯沃西构建的模型图

在研究任何一个国家时，教师都可以采用两种普遍的方法。一种是先介绍土地基础，然后可以鼓励学生进行"聪明的猜测"，猜人们将住在哪里和靠做什么来谋生。最终，他们可以将自己的假设与事实进行比较。

不过，有时候，教师可能想先介绍人民，最后再回到关于他们所生活的土地的基础话题上。

有时，学生需要对所考察国家的价值观、目标或理念展开研究。这是一项艰巨的任务，因为它涉及哲学或宗教，但这却非常重要。由于价值观在决定制度方面非常重要，所以它在图 5-3 中排第三位。而要研究一个国家的目标，方法之一是考虑该国人民把什么看得很重要。例如，他们如何对待老年人和（或）年轻人？他们如何看待艺术？他们有多么关心物质财富？

接着，就要考虑各种制度——家庭、经济、政府、宗教、教育制度，以及越来越多的大众媒体。

为明确重点，教师可能需要给每个被研究国家确定一个中心主题。例如，对埃及的研究，可能要突出其几个世纪以来的土地与水资源矛盾。

毫无疑问，教师会用许多方法和资源，比如地图、当地游人、电影和录影带、简单的大事年表和角色扮演等，帮助学生了解任何国家。

与年龄稍大一些的学生在一起，教师可以审读从大使馆和（或）信息服务处获得的材料……

两个研究案例

研究其他国家和文化有许多可供选择的方法，教师可以根据自己的偏好和教学风格选择使用。以下报告是关于马耳他和比利时的两所联合学校如何让小学生参与研究的说明，所涉及的项目和想法可能对世界各地的教师都有用。

马耳他皮埃塔的政府混合小学：研究利比亚

1977 年 10 月，校长与教师举行了一次教职员工会议，对利比亚研究这个项目进行讨论，结果所有人都同意实施这一项目。

因为一些学生有亲戚在利比亚工作，教师就鼓励他们把亲戚不时寄回家的卡片带到学校，放到布告板上展示，吸引同学的注意，进而在教室里展开讨论。这样做的效果很好，学生开始了解利比亚的地理、历史和文化。此后，更多的学生开始参与收集有关利比亚的卡片和剪报。

1978年1月，学校又召开了一次教职员工会议，给每个班级指定了一个特定的研究方向，避免重复。

最初，教师很难找到合适的参考资料，于是联系了利比亚驻马耳他大使馆，结果获得了必要的手册和参考书，大家真的非常感谢他们的帮助。

在4位教师的指导下，对纸质马赛克、拼贴画和模型特别感兴趣的80名学生，制作了一个大型的村庄模型、一个与的黎波里的"老城堡"有关的拼贴作品和一个清真寺模型，并展示了在利比亚工作的学生的父亲经常寄回家的小装饰品。必须补充说明的是，"老城堡"与马耳他的历史有关，因此注定会激发学生的兴趣。

其他学生则对利比亚生活的不同方面和重大事件进行了研究。有些学生十分关注的黎波里国际博览会，因为马耳他为了改善其出口业务，也派代表参加了这个博览会。博览会帮助学生了解了举办方的目的和组织者遇到的困难。通过研究，学生还了解了参展国的产品。四、五年级的学生特别研究了两个感兴趣的焦点话题——利比亚的旅游业和宗教。

倘若要使对利比亚的研究项目具有完整性，关于利比亚地理和历史的讨论是必不可少的。事实上，利比亚和马耳他有着相同的历史背景，它们都被腓尼基人、罗马人、阿拉伯人和圣约翰骑士团占领过。把这些相似之处描绘出来，学生就能了解征服者的文化活动。腓尼基人教人们如何编织亚麻布；罗马人教人们建筑艺术，至今仍然可以在利比亚和马耳他找到罗马遗迹——别墅、体育场和浴场；阿拉伯人教给人们很多农业知识，包括柑橘类水果、棉花和橄榄树的种植知识；圣约翰骑士团统治了这两个国家若干年。

利比亚的地理环境，促使学生更多地了解到沙漠居民的生活——贝都因部落、绿洲、骆驼商队、帐篷、沙漠沙丘（移动沙丘）和枣椰树，这些都被做成许多模型。为学习利比亚文化，教师还组织了一场音乐会。一群幼儿园的孩子穿上阿拉伯服饰，学演阿拉伯戏，学唱阿拉伯民歌，成为音乐会表演节目的组成部分……

希望将来能以这个项目所开展的研究作为基础，继续开展国际理解和各国相互欣赏方面的活动。[1]

比利时布鲁塞尔"和平鸽学校"：国际理解教育

为促进国际理解，该学校在1976—1977学年开展了许多活动。

在一个由7岁儿童组成的班级里，有几名外国学生（意大利人、西班牙人、摩洛哥人和法国人等）。学生通过偶然的观察，认识到世界上有许多不同类型的文字。在把欧洲文字与阿拉伯文字相比较之后，摩洛哥学生解释道，阿拉伯文字是从右向左写，这与欧洲文字的写法不同。接着，外国学生又把他们自己语言中的几个单词教给同学。

在同年龄的另一个班级，学生通过参观动物园，激起对所见动物来源国的兴趣，并因此获得了有关其他大陆和其他生活方式的知识。他们开展了很多各不相同的研究项目，并形成了强烈而持久的兴趣。

暑假过后，一些10岁的学生把注意力转向了旅游问题，研究了所访

---

[1] *International Understanding at School*, op. cit., No. 36, p. 41.

问国家的不同生活环境、住房条件和舒适度标准。他们感兴趣的另一个主题是：欧洲和世界其他地方女性的生活状况。他们通过听讲座、放映幻灯片、调查和研究，成功地实施了研究活动。

一些 11 岁的学生举办了庆祝联合国教科文组织成立 30 周年的活动。他们受 1976 年 8、9 月刊登在由联合国教科文组织创办的刊物《信使》上的一篇题为"联合国教科文组织的终极目标"的文章启发，研究了该组织在教育、文化和科学领域内所采取的各项行动。

在六年级（平均年龄 12 岁）组，学生研究了第三世界国家，尤其是苏丹、危地马拉和印度。他们不仅学习这些国家的地貌特征，还关注这些国家的教育（文盲）、健康（疾病）、营养不良、平均预期寿命等问题。他们代表第三世界国家参加联合国儿童基金会的项目，充分利用了《联合国儿童基金会新闻》和联合国儿童基金会的其他材料。

图 5-4　"和平鸽学校"的徽章

在另一个六年级组，学生研究的主题与世界上存在的不同政治制度（民主、独裁等）有关。在实施项目的过程中，学生广泛利用大众媒体，把比利时的政治制度与其他国家的不同制度进行比较。他们通过工作小组活动，培养自己的未来公民责任意识。团队合作使每个小组成员形成互助精神与尊重他人信仰和意见的态度，并把对他人的宽容和尊重置于首位。[1]

1978—1979学年，学校各年级学生都意识到联合学校项目的主要目标。他们把注意力集中在时事研究上，从当地的报纸、广播和电视节目中获得了许多有用信息，对种族主义、战争、饥饿、民俗等多个主题展开研究。

此外，在国际儿童年的框架内，一些班级成功地参加了各种诗歌比赛，获得了证书和奖项。

以下是他们开展的活动事例。

五年级学生（10—11岁）研究的是美国黑人族群。学生之所以对这一题目感兴趣，是因为1979年复活节假期有个学生去了美国，回国后给全班同学做了一次演讲，并对她所见到的纽约市部分黑人社区的贫困现象表现出特别担忧。这次演讲引发了关于种族隔离包括南非种族隔离制度的研究。通过阅读《联合国教科文组织通讯》上的文章，学生以丰富的文献资料为基础，深入研究什么是种族隔离、它的政治和经济后果，以及它对家庭生活、土地分配、教育等方面的影响。

六年级学生（11—12岁）受国际旅行记者和作家联合会（一个非政府组织）的邀请，策划了一个"旅行准备之初"项目，他们选择了坦桑尼亚作为旅行目的地。他们联系了达累斯萨拉姆教育部、旅游部等坦桑尼亚当局，还联系了布鲁塞尔和巴黎的坦桑尼亚大使馆，并从教科文组织和欧洲经济共同体获得了大量文件。他们比较了坦桑尼亚与欧洲国家在地理位

1　*International Understanding at School*, op. cit., No. 34, p.31.

置和生活方式上的差异，还充分研究了坦桑尼亚的风俗和民间传说。他们对给予第三世界国家的各种援助产生了兴趣，考虑到这些国家所遭受的经济困难，他们试图设计一种提供长期援助的新构想。学生们还收集了大量去坦桑尼亚的海、陆、空交通信息资料，制订了行程，并计算了旅费。

此外，这个班级正在与本国荷兰语区的同类班级进行通信交流。双方在达姆镇（传说中反对不宽容和宗教狂热主义的英雄——泰尔·尤伦斯皮格尔诞生之地）举行了第一次会面，后来在布鲁塞尔举办了第二次会面。由于没有任何语言障碍，这两个社区的学生相互理解，结下了兄弟般的情谊。

其他活动还包括帮助低年级学生学习（带他们去博物馆完成作业等），讨论诸如"为什么教儿童玩战争游戏"、"死刑"、"欧洲与共同市场"和"儿童权利宣言"等话题。关于"儿童权利宣言"，学生们还起草了自己的声明，内容如下：

1. 所有儿童都有权获得闲暇。
2. 所有儿童都应该受到尊重。
3. 所有儿童都有权获得住房和适当教育。
4. 所有儿童都有权受到保护。
5. 所有儿童都有学习的权利。
6. 所有儿童都有正常发展的权利。
7. 所有儿童都有权获得足够的食物。
8. 所有儿童都有权得到照顾。[1]

---

1 *International Understanding at School*, op. cit., No. 37, p.28.

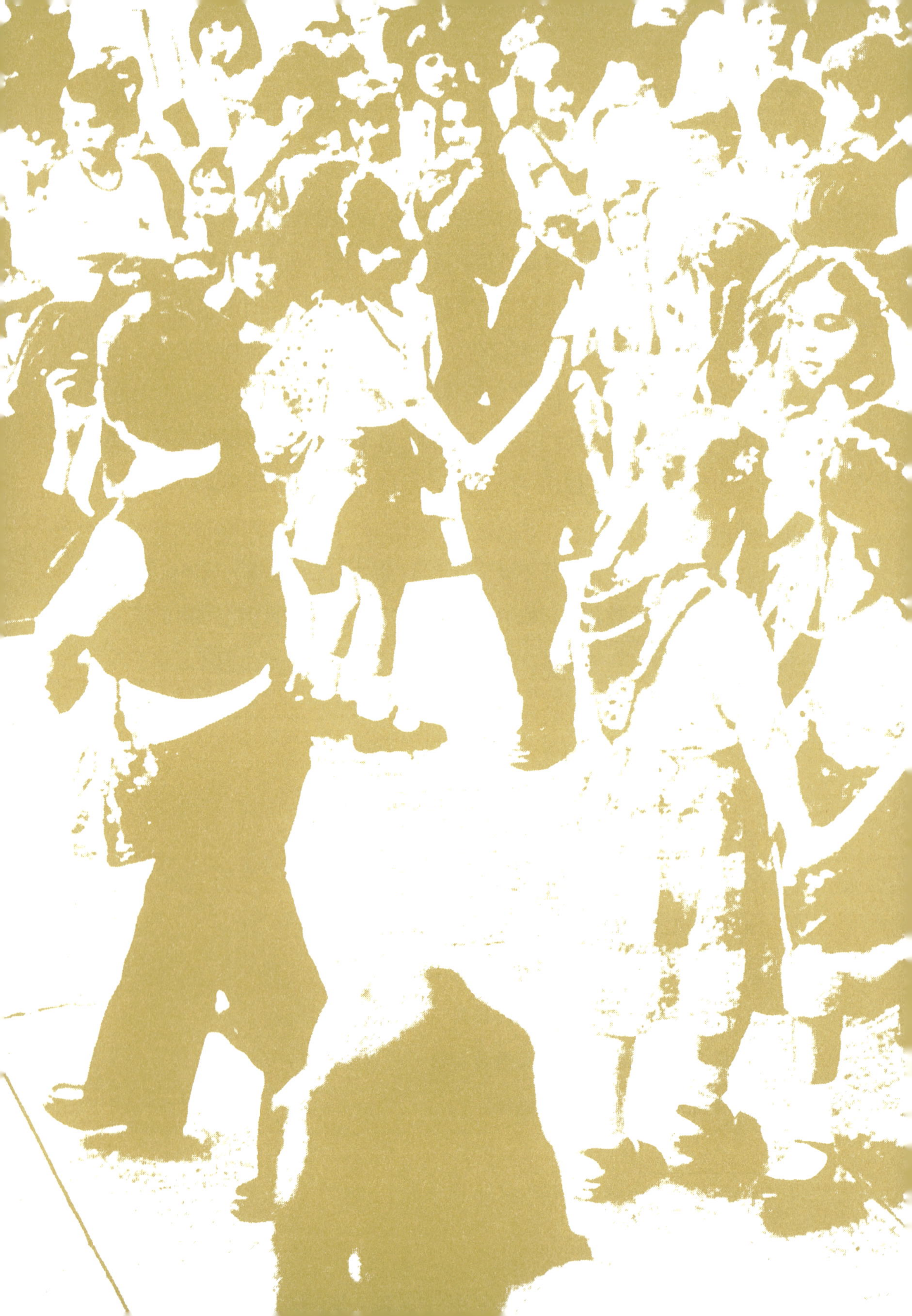

图 5-5 "和平鸽学校"幼儿组学生在跳匈牙利民族舞蹈

交流：笔友、互访项目、教学材料

增进国际理解与合作有个老办法——世界各地学校之间互相写信、互相访问和互相交换教学材料。这个办法由于涉及对他人及其日常生活的直接观照，被许多教育工作者视为让年轻人了解其他国家和文化最有用的方法。笔友一般写下他们每天做了什么，喜欢什么休闲活动，对什么感兴趣，等等，他们相互直接交流；互相访问虽然费用更高，也更难安排，但却有助于双方建立更密切的联系：面对面交谈并共同开展活动，使学生意识到外国儿童和他们是一样的人，这会令学生终生难忘；教师之间互相交换的手工艺品和其他教学材料是无价的，因为它们是其所学习的文化和国家的有形象征。总的来说，这种交流以其独特而丰富的学习过程，对国际理解做出了重要贡献。

图 5-6　阿根廷学校展示学生往来书信

笔友

个人书信交往，是了解另一个国家或文化、促进跨文化交流最廉价却最有效的方式之一。在一些语言相同的国家，会读写的所有年龄段的学生都可以成为笔友。而在语言不同的国家，随着第二语言的引入，书信往来成为学习新语言的绝佳辅助方法。学生经常在收发信件时表现得非常兴奋，因为交到新朋友而感到满足。

书信往来还为学生带来另外的好处：既可以增加学生的跨文化交流，又可以培养学生良好的写作习惯和技能，具有双重作用。尽管电话在世界上一些地区（如北美、欧洲）日益占据主导地位，书信交往成为非主流、非必要的交流方式，而且随着电影、广播和电视的出现，"书信艺术在一些国家几乎消失了"，但是写信是一种积极的、创造性的交流方式，与电话交谈截然不同。写作作为自我表达和交流的重要手段，可以被笔友用来鼓励书写思想和情感。

在某些情况下，外国学校的笔友可以促进更深层次的合作。例如，一些瑞典学校与印度等地的"姐妹学校"进行交流，学生之间的通信非常有助于英语、历史和地理的学习。更重要的是，这使教师和学生产生了学习其他国家文化的"同步感"，提高了他们研究其他国家的兴趣和个人参与度。特别是，瑞典和印度两所学校的师生通过相互磋商后得出结论，瑞典的学校可以帮助解决印度的学校某些方面的问题。为此，瑞典学生参与了家庭、学校和社区的各种工作，并将他们的收入捐赠给姐妹学校，用于校舍、课桌、教材等项目建设。一些瑞典师生后来得以参观他们的印度姐妹学校，在那里获得了温馨体验和有关印度学校的更多信息，这进一步提高了他们的活动兴趣和参与度。当印度姐妹学校回访瑞典时，这次合作达到了高潮。

互访项目

正如印度—瑞典的例子所示，学校间的师生互访是了解其他文化和国家的一种特殊方式。许多教育家认为，这是培养不同民族背景、文化和国籍的人之间相互理解、尊重和合作的一种无与伦比的方法：与另一种文化的人进行个人接触可能是一种强大而感人的体验，特别有助于建立友谊。

处于互访情境中的学生，以一种比与本文化同龄人在一起更敏感、更注意的方式，相互交谈、共同游戏、共同分享。考虑到体验的紧张程度，教师需在访问前的准备、访问中的观察和访问后的讨论等方面指导学生。无论是东道主还是访客群体，都应对接触方的文化和年龄层次有一定的了解，以便对可能会发现的异同有所准备，从而更好地根据不同的生活方式和世界观进行思考。为了让访问参与者做好与其他文化接触的准备，国际互访领域的一个组织——"国际生活实验"[1]打出了"期待意外"的口号。这种思想和情感取向对所有年龄段的学生都很重要，它可以积极改变学生的学习方式以及整个活动体验。

今天大多数国家都拥有或参加了这种互访组织，但有时个人或团体的国际互访很难安排。相比而言，国内学校的联系通常更容易得到安排，成本更低，而且可能延续时间更长。因此，我们可以关注同一城市、地区或国家内两所学校之间的互访。例如，城乡学校学生可以相互走访，不同种族背景或不同部落的学校学生也可以相互走访。显然，在这种情况下进行同类准备和评估是有益的。

1　The Experiment in International Living, Kipling Road, Brattleboro, Vermont, United States.

例如，门多萨和科尔多瓦（阿根廷）的三所联合学校参加了学生互访项目。其中一所学校的报告对该项目进行了如下描述。[1]

在项目开始阶段，门多萨学校的一群三、四、五年级学生接待了科尔多瓦学校的学生。来访者由两名教师陪同，并住在接待学生的家中。他们参与了家庭、学校和社区的体验活动。在项目第二阶段，门多萨学校的一群学生访问了他们之前的访客所在的城镇，住在了对方家中，跟对方一起参加社会、文化和体育活动，参观工业设施，并一起上课。

这些互访项目的准备工作由教师、学生和家长一起开会决定，教师和学生还一起参与了效果评估，并得出结论：这种青少年之间的互访是有益的，因为它们有助于了解和理解其他城镇的特殊性，并促进青少年形成对其他社区的尊重和欣赏态度。至于对未来互访的建议，有人认为，为了鼓励相互理解，促进和加深年轻人之间的友谊，有必要抽时间开会，讨论人类所关心的问题以及学生特别感兴趣的问题，如个人爱好、体育项目和休闲活动等。

手工艺品和其他教学材料

手工艺品和其他教学材料是一个国家和文化的象征。它们描绘了一个国家过去和现在的日常生活，是非语言的、具体的，包含了文化信息和特殊意义。这类材料为教师讲解特定文化提供了实物事例，可以帮助学生理解文化信息和特殊意义。例如，在对其他国家的研究中，硬币可能非常有

---

[1] *International Understanding at School*, op. cit., No. 35, p. 28.

用，因为它能反映日常生活以及国际贸易和商业的情况。教师可以询问学生看到外国硬币的感受，由此会发现他们认为外国硬币很奇怪，或者把它们当作"游戏币"。教师可以指出，尽管学生认为本国货币比外国货币更有价值，但后者在其国家是合法而有价值的。这将会引起关于国际货币体系的讨论，以及各国在货币兑换贸易等方面相互依赖关系的讨论，从而使教师有机会展示不同文化间的相似之处（货币的使用）和差异（外国硬币）。

同样，旗帜、衣服、工具、乐器、玩偶、房屋模型和家庭用品，以及各种宗教符号、艺术创作和体育器材等，也是如此。它们可以让学生学习到，世上有许多不同的生活方式，人类有许多应对共同需求和活动（衣着、住所、音乐、体育等）的不同方法，具体根据一个地区或国家的地理、气候和文化传统而定。

学生可以欣赏手工艺品模型，参观博物馆，（或在父母的帮助下）联系社区中那些能获得外国手工艺品的人——他们可能曾在国外生活或者访问过，所以说移民群体在这方面可以做出很大贡献。学生还可以参与收集世界各地手工艺品的项目，然后让全校师生共享这些手工艺品。

在这方面有个事例，源于美国新泽西州蒙特克莱尔的一位教育家[1]。在 1979 年国际儿童年期间，她给许多国家分别发送了一封信，在信中描述了一个名为"文化鞋盒"的项目，邀请大家积极参与并做出贡献。下面是这封信的一段摘录，描述了开展此类交流项目的具体做法。

---

[1] 美国新泽西州蒙特克莱尔山谷路 22 号蒙特克莱尔公立学校的马蒂·米勒女士。

图 5-7　尼泊尔一所学校向学生展示尼泊尔和美国的国旗

"文化鞋盒"是一个交流项目,旨在促进文化共享,鼓励创造力,将惠及蒙特克莱尔的学生和外国儿童。它将以儿童为导向,以儿童与儿童直接交往为基础。更具体地说,就是教师与学生一起收集反映他们特定文化的某些方面的实物教具(几乎没有或根本没有金钱价值),可以包括:

a 教科书、地图、海报等;
b 家用物品(炊具、装饰品等);
c 体育用品;
d 节日装饰品;
e 衣服;
f 工艺美术品;
g 食物;
h 玩具;
i 动植物图片;
j 图画书。

学生通过照片、明信片、图画,甚至有可能的话,还会附上磁带,或短文和解说,来表达他们对所选相关主题的理解。他们制作、捐赠或购买的实际装饰品或物品都生动描绘了交流的主题。

这些物品将被收集起来,放入"鞋盒"或类似大小的包装中,然后邮寄给其他国家的男孩、女孩。鞋盒一年可以交换几次,且交换在同龄的学生之间进行,以便与学生的兴趣和成熟度相匹配。

第五章 | 其他国家和文化

各国的节假日也为有趣的交流创造了机会，英国莱斯特理工学院（Leicester Polytechnic）的报告描述了学生们交流圣诞节庆祝活动时的兴奋之情：

> 圣诞节的到来让学生非常兴奋，他们与德意志联邦共和国和丹麦的学校建立了联系，交换各自国家圣诞节庆祝活动的相关材料。年龄在5至7岁之间的英国儿童寄出的包裹里，包含英国圣诞节庆祝活动的相关杂志文章和图片、（他们在课堂上做的）肉馅饼与圣诞颂歌录音带。每个孩子还制作了一张卡片和一份礼物，送给一名交换班的学生。当他们收到一张丹麦某学生的班级照片时，这个项目立刻被激活了。
>
> 英国儿童还决定，把丹麦人和德意志联邦共和国人庆祝圣诞节的方式告诉父母。他们表现出极大的热情，甚至根据从丹麦收到的信息，制作了美丽的丹麦装饰品……这个项目的另一个有趣之处是，学生也更多地了解了英国庆祝圣诞节的方式和原因。[1]

---

[1] *International Understanding at School*, op. cit., No. 35, p.34.

第六章

冲突与合作

对国际合作的研究必然包含对国际冲突的研究或认可。只有认识冲突在人际关系和世界事务中的重要性，学生才能真正学习合作；只有在冲突化解中反思冲突和暴力的替代方案，学生才更可能理解合作的必要性及实现合作的障碍。

对一些学生而言，研究冲突并非理论性的工作，因为许多儿童和成人在日常生活中都可能会面对战争、恐怖主义和暴力。人们每天在城市和工业环境中以各种各样的方式受到暴力的影响：空气、水和土壤（污染）、感官（城市噪声和交通）以及思想（电视和书籍，尤其是漫画书中的"耸人听闻"的图画）。因此，研究冲突和暴力直接关系到许多儿童的生活。

与讲授需求和权利以及其他国家知识和文化这类主题一样，教师在探讨冲突及其解决方案这个主题时，也要既关注学生的经验，又关注学生的自身情况。许多儿童会直接以参与者或观察者的身份遭遇冲突，有些可能会被冲突吓倒，而另一些则可能会形成赞成冲突的印象。他们可能对电视上或社区中看到过的残酷和"强硬"举止表示仰慕，并在操场上加以模仿。所以，教师在这方面必须发挥重要的引导作用，必须认真观察和及时干预学生在游戏中和课堂上的暴力行为习惯。

事实上，小学教育在这方面可以做出巨大贡献。联合国教科文组织1970年在巴黎召开了关于人性与暴力的研讨会议[1]，会上一群专家认为，教师有可能帮助减少儿童的攻击性，促进其他类型冲突的化解和角色模仿。会议主席戴维·汉伯格博士总结说，教师不仅"应该教导学生暴力是邪恶的，还应该教导他们采用非暴力的方法应对情绪激动的情况"。汉伯格博

---

1 Dan Behrman, "Understanding Man's Aggressiveness", *The UNESCO Courier*, August-September 1970, pp. 4-24.

图6-1 漫画对儿童来说可能是暴力宣传品

士主张将暴力视为"低级趣味"，认为应该以其他更具建设性的方式培养儿童自尊（如在课堂、体育等方面的出色表现）。他还建议，为了抵制充斥于电视与电影中的暴力和犯罪行为，应该鼓励学生向社区和世界上成果卓著的人道主义人士学习。

与传授人权观念一样，由于日常生活实际可能与课堂上的理论依据相矛盾，关于冲突和暴力的教学往往会困难重重。首先，"暴力"一词虽然具有负面含义，许多人却并不谴责暴力，因为他们普遍认为，武力和暴力在某些情况下可能是有用的或"正确的"。例如，他们会用暴力方式管教儿童或进行个人自卫。同样，许多人一方面谴责战争，另一方面又认为为了"正当的理由"或为了保卫国家而进行战争是必要的和正当的。

其次，成年人经常在很多方面自相矛盾。有些成年人可能禁止儿童打架，而在自己与他人发生个人冲突时，却采用身体或心理威胁和暴力手段。另一些成年人可能会批评别人在暴力面前无所作为，而当他们自己面对暴力时却也袖手旁观或视而不见。在这方面，教师和所有成年人一样，应该努力防范此类矛盾行为，并在此类矛盾行为发生时加以解释。

对于研究冲突和冲突化解，教师可能需要考虑一些基本要点。

第一，要区分不同种类的暴力，并尽可能精确地加以定义。什么是暴力？存在哪几种暴力？欺凌或虐待动物是否属于暴力行为？制造污染和噪声是否也属于暴力行为？

第二，对上面讨论的不同种类的暴力进行评估和分级：如果存在暴力，那么哪种暴力比其他暴力更严重或更轻微？

第三，教师要考虑暴力的不同来源。导致暴力的原因是什么？是否所有人都有暴力倾向？过度拥挤、贫困、噪声等是否会导致暴力？恐惧、沮丧和压力与暴力有关吗？

第四，教师可能要谈论减少暴力的问题，即人们如何在日常生活中反对暴力：考虑到各种原因，有哪些可行的"解决方案"？（例如，避免过度拥挤、减少压力、降低噪声和提高容忍、理解和信任的程度。）

图 6-2　法国学生关于和平的画作

此外，教师还可以让学生通过绘画、写作或表演，再现某些涉及冲突和冲突化解的情境（具体情境可由学生提出或由教师准备）。海伦娜·盖泽利乌斯提出了一些情境案例和在课堂上利用这些情境的方法。

校内冲突

关于学校可能出现的冲突情境，全班同学可以通过诸如讨论、绘画、表演等多种不同方式加以描述，确保每个情境都能被所有相关人员从不同角度审视。

情境 1

休息时间到了，几个小组学生在一起聊天。一个名叫本特的男孩从校园走过，他最近才搬到这个地区，感觉不太习惯。今天他睡过了头，若不是母亲逼他，他本来想待在家里不上学了。这时，与他同班的另一个男孩米克看到了本特。米克因为今天心情不大好，觉得本特看起来很愚蠢，就突然想逗本特玩一下，让自己开心。于是，其他人就看到米克在挑起一场争斗。

情境 2

一个叫丽塔的女孩一直在画画。虽然现在是课间休息时间，但是一些学生仍待在教室里。他们走到丽塔身后，抢走她手中的蜡笔，咯咯地大笑，没事找事。

情境 ③

贝坦和尼娜正走在回家的路上，她们看见一群男孩、女孩戏弄同班的苏菲，拿走苏菲的帽子，相互扔来扔去。苏菲被他们推着绊倒了，难以保持身体平衡。

情境 ④

托马斯和奥夫在打架，因为托马斯确信：奥夫的弟弟之所以大骂他无耻，是受了奥夫的指使。托马斯的一些同学在围观，而盯着手表匆忙走向教室的伊娃老师路过，看到了学生们在打架。

情境 ⑤

班上每个学生都在效仿卡琳，她说谁蠢，他们就跟着她说那人蠢。有些同学开始讨厌总这样做卡琳的跟屁虫。终于有一天，乌尔娜直接把卡琳拒于门外。卡琳怒不可遏，对着乌尔娜大喊大叫。乌尔娜也不甘示弱地回敬她。其他人……

利用情境

图画/作文：

接下来会发生什么？从身临其境者的角度描述正在发生的事情，然后比较你们各自描述的故事，看看涉事者对同一情境的体验有多不同。

编剧：

让每组学生给涉身情境中的人编造姓名，判定不同人的性格，然后开始编剧。几个小组分别根据同样的情境编剧，结果会很有趣。

编剧结束后，可以讨论：

① 以米克为例，他会有什么感受？
② 涉身情境中的其他人对米克有什么看法？
③ 围观者对米克有什么看法？

在课堂讨论中，教师会强调谈判和相互合作等非暴力冲突解决方法的重要性，可能会提到面对潜在爆炸性情境而坚持非暴力的民权工作者：圣雄甘地，马丁·路德·金，达格·哈马舍尔德和其他联合国领导人，以及许多历史和宗教人物。同样，教师不妨讲讲《联合国宪章》，因为它呼吁所有会员国"以和平手段解决国际争端，而不危及和平、安全和正义"，并努力"维护国家间的和平与安全"。这样，可以让学生看到人们在解决冲突时所用的一些非暴力方法。

第七章

有关联合国知识的教学

第七章 | 有关联合国知识的教学

联合国及其专门机构在教授国际理解方面发挥着独特的作用。作为代表人类和平与人权最高理想的国际公认机构，它是儿童眼中重要的象征标志。联合国现行体制是根据所有会员国商定的原则建立的，因此，它是"各国人民的大家庭"，全世界的儿童都属于这个大家庭。学习有关联合国的知识，可以使学生明白它是人类在组织层面上为普遍理想而努力的范例。有了这种意识，学生对当前国际合作与和平努力的范畴会有更深了解。

一些教师发现，有关联合国的知识有点难教。他们认识到国家和国际优先事项并不总是一致的，因此，他们看到在培养学生国家认同感和塑造"世界公民"之间存在着矛盾。对此，许多其他教师都坚持认为，民族主义和国际主义事实上并不存在必然冲突。正如前面提到的联合国教科文组织的《建议》所宣称的那样，儿童能够并且应该有一种属于越来越大团体

图 7-1 联合国的作用 / 理查德·威尔逊

的感觉，这并不会造成混乱。属于一个家庭、一所学校、一个社区、一方邻里，属于本地、本国和国际社会，这并不蕴含着盲目效忠的等级制度，而是意味着一种从属关系的共存。伦纳德·S. 肯沃西在《帮助男孩女孩们发现世界》中指出，民族主义或爱国主义往往是男孩、女孩早期教育的一部分。他们会在体育赛场看到升起的国旗，并在这样的场合或在学校高唱国歌。他们经常参加爱国庆祝活动，如民族独立日庆祝活动。肯沃西继续写道：

> 我们都相信开明的民族主义，希望忠于我们的国家，希望我们的孩子和（或）我们的学生形成这种忠诚。
>
> 如果我们也相信开明的国际主义，难道我们不应该也这样把男孩、女孩引入国际社会吗？难道他们不应该从小就浸润在国际主义中吗？

肯沃西建议"从童年时代"开始向儿童传授有关国际社会（包括联合国）的知识，这引出了许多教师关心的另一个问题：什么时候开始教联合国知识合适？他们认为，对小学低年级的学生来说，联合国现行体制可能过于复杂；他们也发现，在世界上一些国家和地区，许多儿童没进入小学高年级或中学就辍学了。其实，教儿童了解联合国不必弄得很复杂。尽管可能年龄较大的学生才适合深入研究联合国的组织结构和计划，但这绝不是他们了解联合国的重要性和工作方法的唯一途径。

例如，在研究涉及国际层面的主题时，可以很容易地提到联合国及其专门机构的有关贡献。教师可以将重点从机构本身（即其历史、结构、功能、机制等）转移到它们需要解决的世界性问题上。这样，可以通过讲授

第七章 | 有关联合国知识的教学　　　　　　　　　　　　　　　　　　　　71

图 7-2　捷克斯洛伐克一所学校的反种族隔离展览

常规学校课程话题，将联合国的有关知识间接介绍给学生。这些话题包括食品、住房、医疗保健、海洋、环境、文化、地理等。那些了解世界问题及其影响的年长学生，可以尝试寻找可能的"解决方案"，进而深入研究联合国及其为和平有效地解决相关问题所做的努力。

肯沃西详细阐述了一些向儿童介绍联合国知识的不同方法。他强调，联合国不是一个世界政府，而是一个具有特殊性质的国际组织：

> 对儿童来说，象征标志特别重要。遗憾的是，迄今为止，国际社会和联合国并没有多少象征标志。联合国的旗帜对儿童来说可能是认同该国际组织的最佳象征标志。在某种程度上，联合国日和其他假日，还有一些国际节日，也可以作为象征标志。儿童可以为联合国举办生日派对，并与年长者一起参加庆祝活动，由此强化联合国的重要性和对当地社区的认可。这种情况下，年幼的儿童甚至可以制作联合国成员国和联合国自身的旗帜。男孩、女孩也可以在万圣节参加联合国儿童基金会组织的"不给糖就捣蛋"活动。当然，这应该让年龄大一些的男孩、女孩和（或）成年人来做，且不应该只是一场筹款或"乞讨"活动。家长和教师应该利用这个机会，向儿童介绍地球其他地方的同龄人，并通过电影、录影带和图片增强学习效果。
>
> 儿童会偶尔在电视上看到一些联合国的情况，或者可能无意中听到成年人谈论联合国，这时就需要大人向他们加以简单说明。可能对儿童来说，联合国最适合被比作一个为全世界人民服务的俱乐部，它试图让世界成为每个人生活得更好的地方。这种说法虽然非常简单化，但却是了解联合国的良好开端……

第七章 | 有关联合国知识的教学

在低年级的一些教学单元或课程中，教师可以提及联合国而不必详细说明。例如，在关于邮局的学习单元中，学生会学到在联合国（实际上是万国邮政联盟）的帮助下，信件得以从世界一地传到另一地。在关于水的学习单元中，学生会学到联合国为保护世界水资源所做的努力。诸如此类的事例对学生来说可能并非很重要，但它们却能帮助学生形成支持联合国的态度。

这些都是国际理解预备课程的一部分，它与数学和阅读等领域的预备课程一样，是课程设置的一部分。

随着男孩、女孩年龄的增长，他们可以更多地了解联合国及其相关机构。在有关食品、健康、环境、偏见或人权之类主题的学习单元中，可以列举联合国现行体制的工作实例，突出联合国为帮助人们自助而展开的实地工作。

在中、高年级，教师可能会开设关于联合国现行体制的系列课程或简短的学习单元。在这样的学习单元教学中，你要牢记：联合国80%的工作财政预算被用于地球上大部分地区的务实项目。

你可能还要强调该组织的办事流程，将其与课堂教学流程进行比较。例如，联合国有一个（或多个）办公地点，有各种问题，由各个委员会分别负责处理。联合国会有各种讨论，人们会有意见分歧，但它有达成协议的方法，就是经常通过投票，达成大多数国家都能认同的协议。

年龄稍大一些的男孩和女孩这时可以了解联合国的一些英雄事迹，比如伯纳多特伯爵和达格·哈马舍尔德为和平而献身的事迹（对于喜欢阅读传记的学生，教师可以推荐他们读几本关于联合国领导人的书，特别是关于哈马舍尔德的书）。对于喜欢集邮的学生，教师可以推荐他们收藏联合国多年来发行过的许多色彩鲜艳、意义重大的邮票。可以组织男孩、女孩参加世界卫生日、世界环境日、联合国日和联合国周的庆祝活动。可以让一些年龄较大的学生学习一些著名的联合国文件，如《联合国宪章》、《世界人权宣言》、《儿童权利宣言》和联合国教科文组织章程序言。

如果可能的话，应该让年龄稍大一些的学生把联合国知识的学习与一些行动项目或服务项目相结合。他们会愿意成立联合国教科文组织俱乐部或联合国俱乐部，为学校大会或家长（教师）协会项目做准备，为联合国教科文组织的赠券项目或联合国儿童基金会的项目筹集资金，或者参加环境保护项目。[1]

在捷克斯洛伐克[2]的一所小学，学生们为了促进国际理解，开展了一系列庆祝特殊节日的活动。这些活动包括：在国际妇女节举行家长、学生和教学人员的特别会议，在国际气象日与水文气象站的工作人员进行讨论，在世界卫生日请专家做关于世界卫生问题的讲座和展开讨论，以及在国际音乐日出席斯洛伐克爱乐乐团举办的节日庆祝音乐会。

至于联合国俱乐部，菲律宾马尼拉的胡安·卢纳小学有个名为"小型联合国教科文组织博物馆"的项目，是这类"俱乐部"的成功案例，在项目报告中提到了一系列适合在小学阶段开展的活动：

---

[1] Leonard S. Kenworthy, *Helping Boys and Girls Discover the World*, New York, United Nations Association, 1978, pp. 6-7.

[2] 今为捷克和斯洛伐克两个国家。——译者注

> 俱乐部旨在拓宽个人有关他国习俗、联合国和教科文组织方面的知识及其理解力，为了促进这个俱乐部目标的实现，俱乐部师生合作开展了小型联合国教科文组织博物馆项目，每月开会讨论这个项目。
>
> 俱乐部活动包括收集硬币和邮票；剪辑有关他国风俗和传统的图片和文章，并将其编入相册；给娃娃穿上不同的民族服装；制作不同国家和联合国的小型旗帜。最后，俱乐部把成品陈列在学校教室里。[1]

同样，在保加利亚普罗夫迪夫市伊万·瓦佐夫学校，全体学生参加了庆祝联合国教科文组织成立30周年的活动：

> 学校的行政和教学人员、所有学生以及来自古巴、德意志民主共和国和捷克斯洛伐克的来宾，出席了学校举办的联合国教科文组织成立30周年仪式。校长发表了题为"写在联合国教科文组织30周年前夕"的演讲，学生们就"联合国教科文组织的宗旨和主要目标"、"保加利亚对联合国教科文组织活动的参与"和"联合国教科文组织的未来展望"等题目做了报告。接着，学校又举办了一场竞赛，测试年龄较大的学生对联合国教科文组织各种活动的了解程度。此外，学生们还展现了不同国家的丰富的歌舞节目。[2]

---

1 *International Understanding at School* (UNESCO, Paris), No. 34, p. 38.
2 *International Understanding at School*, op. cit., No. 33, p. 25.

向儿童介绍联合国及其专门机构，还可以用另一种有趣的方式——讲故事和看图片，用故事和图片来印证它们的目标和活动，因为有些教师喜欢收集有关联合国项目的信息，喜欢写故事，或喜欢找些自己制作、拍摄的图片和照片用于教学。

在让较年幼的学生了解联合国、联合国的理念和联合国的工作之后，教师可以重点传授联合国的组织结构和各种计划的细节，让学生们了解联合国涉及的各种广泛活动，包括技术项目、研究项目、信息分配项目和各成员国代表对国际关注问题进行讨论的论坛项目。在描述这些活动时，教师要对联合国及其专门机构的优势和局限性做出恰当评价。正如 1976 年 3 月在巴黎会晤的专家们所警告的那样：

图 7-3　波兰一所学校内举办的关于联合国教科文组织活动的展览

> （对机构的）过度理想化往往会使人产生过高预期，最终当预期不可避免地令人失望后，人们对这些机构及其努力的幻想将随之破灭。[1]

以恰当的方法来研究联合国现行体制（对其机制和活动既不加以美化也不横加指责），学生会钦佩联合国的目标及其在许多领域的努力，同时认识到它在政治和法律方面存在根本的能力局限。

尽管有必要避免对联合国"过于理想化"，却也不应低估联合国的历史意义。联合国及其专门机构的宪章和宣言所表达的原则和理想会像感动成年人那样感动儿童。今天，联合国继续代表着人类为解决冲突而努力合作的顶峰。在某种程度上，联合国首先仍然是国际理解与和平希望的象征。

1　*Report of Experts Meeting on the Implementation of the Recommendation Concerning Education for International Understanding Co-operation and Peace and Education Relating to Human Rights and Fundamental Freedoms*, p. 5.

第八章

环境问题

环境问题是当今举世瞩目的最重要问题之一，需要通过国际交流与合作来共同应对。越来越多的人意识到，为维护人类目前和未来生存所必需的生态关系，人类迫切需要了解其在环境中的行为及其对环境的影响，并控制自己的行为。为战胜环境威胁，人类需要在地方、国家和国际层面进行持续合作，共享环境知识和理念，关心外部空间环境。

过去十年来，许多教育工作者和专家大力倡导对儿童和成人进行环境问题教育，以增强人们的生态意识，引导人们投身生态和环境保护工作。据 1977 年 10 月在第比利斯（苏联）[1] 举行的政府间环境问题教育会议的报告称：

> 环境问题教育的最终目标，是让人们了解环境的复杂性，了解各国调整其活动的必要性，了解追求人与环境和谐发展的必要性。

于是，环境问题教育不仅涉及生态问题相关信息的传授，还涉及生活方式的传授，要让人们在生活中把他们的安康与周围环境要素的安康联结在一起。首先，要研究人与环境之间的相互依存关系：人类与其栖息地之间在生态层面上相互依存，不同政府的举措之间在政策层面上相互依存。

环境问题教育，包括学习有关人与周围环境相互关系的所有知识。根据它的定义，环境问题教育涉及多学科的共同努力，需要运用自然科学和社会科学方法，对人与土地、空气、水的关系以及人类和其他生命形式的关系进行研究。作为一个普遍的、灵活的、不断发展的话题，它

---

[1] 第比利斯是今天格鲁吉亚的首都。——译者注

可作为一个终生的认识和参与过程加以研究。因此，在为培养有生态意识的公民打基础方面，小学的环境问题教育发挥着至关重要的作用。

第比利斯会议报告称：

> 环境问题教育应纳入各级正规教育的所有体系，为公众和许多职业群体提供他们需要的知识、理解力、价值观和技能，让他们参与制定环境问题的解决方案。

因此，环境问题学习涉及认知、规范和技术三个方面。在小学阶段，学生获得的解决问题所需要的全面知识和技能必然十分有限，但他们可以在地理、自然科学和相关主题学习的良好基础上，聚焦生态问题，了解合作解决此类问题的必要性。

在小学低年级，教师可以从学生所在的社区中汲取有用的事例。通过这种方式，学生可以从周围环境问题的实例中开始学习，并对其周围环境问题有所了解，进而更容易地掌握所学内容的实用性和重要性。之后，教师可以列举本国和世界其他地区的事例来讲解，并讨论各地环境问题的异同。

因此，学生在学习本地环境问题时，可以依靠大量具体实例并到处进行"实地考察"，随时随地都有机会直接体验土地、空气、水、植物、动物及其与人类的关系。由于本地环境问题实例对年幼学生具有直接影响，常常能激发学生的兴趣，所以是非常宝贵的教学资源。教师可以组织学生开展各种有助于了解环境问题的活动，如种植植物，参观附近的水体，研究垂手可得的蔬菜、动物和矿产资源，考察学校操场、本地公园、田野、街区，追踪城市或乡村"小道"等。为了解与本地研究有关的合作事宜，教师可以组织学生在学校或社区开展小组合作项目。这样，学生可以从小将学习、观察和积极参与相结合。之后，他们可以了解人们在地方、国家和国际机构中通过合作来消除环境污染和不良卫生条件的情况。

总之，对环境问题的学习可以采用很多正式和非正式的教学方法。如前所述，教师可能想从常规课程开始教起。例如，在地理课上教地图绘制，用地图来对生态学和人与环境关系中的许多概念进行图解。以套图制作法为例，用透明塑料纸制作多张同一地区单独的地图，分别显示该地区的不同特征，如水、森林、定居点、降雨量、土壤类型、土地用途、工业分布、等高线等，然后再结合这一套地图组合来说明不同的生态和地理现象。

有些教师可能更喜欢带学生进行专门的实地考察，如参观博物馆；指导课堂项目，如联合学校的课堂项目；或者请有识之士来宣讲。教师还可以鼓励学生参加课外活动，培养学生对动物（如昆虫）、植物（如树木）等的研究兴趣；或让学生参加园艺活动，让他们在导游的带领下开展（城市和乡村的）"自然漫步"，并用日志记录他们对周围事物的观察。

美国密歇根大学从事环境问题教育的威廉·B. 斯达普（William B. Stapp）教授提出了一个教育计划，向学生传授他认为学生在学习之初就应该知道的概念。以下是联合国教科文组织 1978 年发表的他的一篇文章的摘录：[1]

---

[1] W. B. Stapp, "An Instructional Model for Environment Education", *Prospects* (UNESCO, Paris), Vol. VIII, No. 4, 1978, pp. 495-507.

人对环境的态度一般形成于生命早期。因此，教育计划必须尽早开始，不受正规和非正规教育的限制。

我们需要确定和发展教育方案，重点关注环境危机的成因而不是症状（见图8-1）。很显然，除非我们能确定环境危机的成因并制定出解决问题的全面行动方案，否则我们将在未来继续面临今天的环境问题，而且会"孕育"新的环境问题。

环境问题教育有五大主要概念：生态系统、种群、经济和科技、环境决策以及环境伦理。下文概述了各年龄段学生对其中每个概念的特定理解。

对生态系统概念的理解

一年级和二年级学生

① 地球可以被看作一艘"飞船"，装载着将永远归我们所有的空气、水和土地；

② 太阳是每个生态系统中一切生命的基本能量来源；

③ 植物靠摄取阳光来制造食物和氧气，满足人类和其他动物的生存需要；

④ 有些动物吃植物，有些动物吃其他动物，有些动物（如人）既吃植物又吃动物。

三年级和四年级学生

① 生态系统由特定区域内所有相互作用的植物、动物及非生物

第八章 | 环境问题

我们的社会面临哪些环境问题？	1. 环境污染（空气、水、噪声等） 2. 种群 3. 城镇化（住房、交通、发展） 4. 土地使用规划 5. 自然资源的误用 6. 能源消费和浪费 7. 废物处理（固体、气体和液体） 8. 食物供给
环境污染的主要原因是什么？	**个人行为模式** 1. 消费主义 2. 个体选择 3. 行为活动 **公司行为模式** 1. 转嫁社会成本 2. 对社会不负责任 **政府行为模式** 1. 忽视环境优先 2. 缺乏健全的环境立法
有哪些可以有效减少环境污染的举措？	合理环境选择　经济抵制　影响合理环境政策和优先事项 个人和群体的生活风格
环境问题教育有哪些主要目标？	1. 环境意识　4. 问题解决技巧 2. 环境知识　5. 自我认知 3. 环境价值观　6. 环境承诺
环境问题教育应有哪些基本要点？	**态度形成** 1. 环境敏感性 2. 环境知识（生态、经济、政治、社会和科技层面） 3. 环境关爱度 **价值判断** 1. 价值澄清 2. 价格塑造 3. 价值分析 **技能开发** 1. 问题解决技巧 2. 交际技巧 3. 社会变革技巧 4. 批判思维技巧

图 8-1　环境危机的症状与根源

环境组成；

② 植物、动物及非生物环境之间的相互作用，在生态系统中形成许多循环（如碳循环或食物循环等）；

③ 部分太阳能转化为化学能储存在煤炭、泥炭、石油、天然气和其他化石燃料中。

五年级和六年级学生

① 存在不同形式的能量（即光、热、电、食物等）；

② 能量既不生成也不消失，可以从一种形式转变为另一种形式；

③ 生态系统内能量的每次转换都会造成能量（主要是热能）损失；

④ 人类经常在有意无意中浪费能源。

七年级和八年级学生

① 环境中增加的任何东西积累到足够数量，就会遭人嫌弃，变成污染；

② 过多的污染通常会导致环境恶化；

③ 自然循环和系统对污染物的循环或消散能力有限；

④ 人类和自然资源在地球上分布不均。

高年级学生

① 生态系统是复杂的，容易受到突然或长期的干扰；

② 人类能够深刻地改变地球的循环和系统；

③ 更多样化的群落往往更趋稳定；

④ 裂变和聚变是两种人类发现及利用相对较晚的能量来源。

完全燃烧 1 克木材所释放的能量 =0.0018 千瓦·时 = 点亮 100 瓦灯泡 1 分钟所需的能量

完全燃烧 1 克煤所释放的能量 =0.0037 千瓦·时 = 点亮 200 瓦灯泡 1 分钟所需的能量

完全燃烧 1 克铀-235 所释放的能量 =20000 千瓦·时 = 点亮 1 个小镇（60000 居民）1 小时所需的能量

完全燃烧 1 克氘[1] 所释放的能量 =150000 千瓦·时 = 点亮 1 个大城市（500000 居民）1 小时所需的能量

图 8-2　物体有多少瓦能量 / 马斯，登载于 1978 年 6 月《联合国教科文组织通讯》

1　氘，也称重氢，是产生聚变反应所需燃料的重要成分。氘可以轻易地从水中分离出来，这种物质几乎取之不尽，用之不竭。

对种群概念的理解

一年级和二年级学生

① 种群是指生活在同一地区的同类生物群；

② 种群之间相互作用的同时，也与环境相互作用；

③ 种群是特定群落的一部分；

④ 人类社会与其环境密切相关。

三年级和四年级学生

① 种群的增加、减少或稳定取决于它们之间及其与环境之间的相互作用；

② 人类的生活方式可以在很大程度上影响环境。

五年级和六年级学生

① 人类既生产物料，也消费物料；

② 人类种群不同的生活水平造成不同的环境后果；

③ 对人类生存和可持续发展至关重要的生活资源正日益遭到破坏或面临枯竭。

与此同时，人类对这些资源的需求正在快速增长。这个问题就如下图所示。

如果目前的土地退化速度持续不变，世界上将近三分之一的可耕地（以谷物秸秆为标志）将在未来 20 年遭到破坏。同样，到 20 世纪末（按目前的树木砍伐率），剩余的未采伐的生产性热带森林面积会减半。在此

图 8-3　生活资源的日益破坏与枯竭

期间，世界人口预计将增加近一半，从略高于 40 亿增加到略低于 60 亿。越来越多的人需要变得越来越少的资源，结果发达国家不成比例的资源高消费率进一步加剧了这一困境。随着人类人口的增长，要达到和维持标准环境质量将变得越来越难。

七年级和八年级学生

① 人口变化，如出生、死亡、增长率和迁移模式，对个人、周围环境和社会都有影响；

② 有些国家所消耗的地球资源与人口不成比例；

③ 人口涉及出生率、死亡率、增长率、密度、入境移民率、出境移民率和年龄结构等数据。

高年级学生

① 只要少数国家仍然不成比例地消耗地球资源，同时其他国家也需要资源，世界政治就会不稳定；

② 不同阶层人口对生存所需自然资源的获取程度不同；

③ 任何有关人口政策的立场都具有个人的、社会的、生态的、政治的和经济的影响。

对经济和科技概念的理解

一年级和二年级学生

① 在美国，人们通常会接受从事某种工作的培训——教师、农民、工厂工人、环保主义者以及其他工作者，人人都有具体工作要做；

② 大多数人的衣食住行都靠自己的工资支付；

③ 工商业出售人们想要和需要的东西，并鼓动人们购买工厂制造的他们并不真正需要的产品；

④ 并非所有人都有足够的钱购买他们需要、想要或被鼓动购买的所有东西。

三年级和四年级学生

① 人的生活方式影响地球资源的使用；

② 人的生活方式直接影响工业增长的数量和类型；

③ 企业可以通过广告创造人们对产品的需求。

五年级和六年级学生

① 生产某种产品的成本包括所使用的资源、工人的工资、广告、税收以及对工作和环境标准的改善；

② 与污染有关的成本有两种：防止污染的成本和污染（或损害）

发生后的成本；

③ 有些污染成本是无法用金钱计算的。

七年级和八年级学生

① 通常，商品和服务（经济、资源和技术）的成本与社会对它们的需求并不相称；

② 人的生活方式和为满足这种生活方式而必备的工业化水平在很大程度上决定了地球资源的使用模式和惯例；

③ 随着商品生产因需求增长而增加，资源消耗呈上升趋势；

④ 产品的供给和需求都会影响产品成本。

高年级学生

① 经济制度是生产、分配个人和社会所需的商品和服务的社会安排；

② 在生产适于销售的产品的过程中，一些企业和工厂将社会成本（如空气、水和噪声污染）转嫁给社会；

③ 对经济制度的理念和运作是否满意，是衡量该经济制度所服务的个人生活质量高低的主要因素；

④ 每个国家都有自己特定的经济制度，但所有国家的经济制度都通过原材料、粮食和制成品的世界市场联系在一起，因此一个国家发生的经济事件（如农作物歉收）会影响到其他国家；

⑤ 三大生态平衡指的是人口增长与环境质量之间的平衡、生产水平与环境质量之间的平衡以及城市化程度与环境质量之间的平衡。

对环境决策概念的理解

一年级和二年级学生

① 做决定就是做选择；

② 决定可以由一个人或一群人来做，比如一家人或一个班的人。

三年级和四年级学生

① 环境决策只能在考虑了所有替代方案和实施每种替代方案的后果后才能做出；

② 在你做出决定之前，应该考虑你自己和他人的感受。

五年级和六年级学生

① 许多环境决策是由消费者、政府、企业、行业、俱乐部和各种社区团体做出的；

② 在影响环境决策方面，利益相似的集体工作者通常比单独工作者作用更大。

七年级和八年级学生

① 有效的环境决策需要从生态、经济、政治、社会和技术方面考虑问题；

② 有效的环境决策包括仔细考虑所有可替代的解决方案、政策和行动的利弊，并研究它们之间的平衡。

③ 单个的或个人的决策往往涉及一个人的感受、态度和价值观；

④ 在许多情况下，为了减少环境侵害行为，有必要修改法律。

高年级学生

① 草率的决定往往会产生有害的结果；

② 受环境污染影响最大的人可能最无法采取有效行动纠正问题；

③ 环境决策将寻求改善社会经济各阶层人民的生活；

④ 某些个人和组织比其他个人和组织更有权影响决策。

图 8-4　哥伦比亚学童呼吁保护环境的壁画

对环境伦理概念的理解

一年级和二年级学生

① 世界各地儿童的基本需求相似；

② 每个人都有向社会索取和奉献的东西。

三年级和四年级学生

① 人类只有保护地球，才能让它继续支持生物的多样性；

② 人类可以成为地球的"管理者"而非胡乱的开发者；

③ 人类必须发展一种思考和感受地球的方式，才能达到人类彼此之间以及人与环境之间的和谐共处。

五年级和六年级学生

① 人类只有发展出关于地球的合理生态思维、感觉和行动方式，才能达到人类彼此之间以及人与环境之间的和谐共处；

② 我们只有保护地球，才能让它继续满足所有生物现在和未来的需求。

七年级和八年级学生

① 地球资源不是为人类而是为所有生物而存在；

② 某些生活方式使人们的生活能够作为环境的补充部分。

高年级学生

① 无论现在还是将来，只有每个人都尊重地球和所有生物，才

能达到人类彼此之间以及人与环境之间的和谐共处；

② 环境伦理的一个重要组成部分是人类社会伦理，而人类社会伦理的基础是坚持个人和群体的社会公正。

为了帮助学习者获得与上述概念理解相关的应用知识，斯达普和考克斯[1]发布了160个概念开发的系列活动。

在小学高年级，教开展国际合作以解决环境问题的方法之一是向学生介绍联合国环境保护活动的范例。例如，联合国环境规划署（UNEP）有各种涉及各国合作的项目。据联合国环境规划署新闻司月刊[2]报道，"地中海"方案就是一项进行中的活动，它始于1975年，当时地中海周边18个国家中有16国参加了巴塞罗那会议，一致通过了一项保护地中海的行动计划。在1976年该计划实施之前，联合国环境规划署发起了许多准备工作。关于这类跨国环境保护活动各种举措的发展历史，联合国环境规划署新闻司月刊曾做了简要报告。这份报告可作为教师简单介绍国际合作过程和成果的框架。

据联合国环境规划署任命的地中海地区协调员阿尔多·马诺斯（Aldo Manos）称，"地中海"等环境保护项目之所以能获得成功，主要秘诀在于四个基本要素，加上参与者的善意，以及事关所有参与者关注的普遍问题。

马诺斯列出的四要素包括：

1　William B. Stapp and Dorothy A. Cox, *Environmental Education Activities Manual*, Vols. I-IV, Dexter, Mich., Thomson-Shore, Inc., 1975.

2　*Uniterra*, Vol. 5, No. 2, February 1980.

图 8-5 威尼斯：一条被瓦砾堵塞的运河，联合国教科文组织 / 多米尼克·罗杰

> 1. 法律框架，用来在决策者的支持下，组织专家进行科学讨论。
> 2. 研究和监测，用来持续提供有关污染和其他环境问题的准确数据。
> 3. 基于研究和监测的活动，用来制订方案，避免污染，找到替代资源，开发未利用的资源，更新过时的方法和促进投资。
> 4. 设置机构，用来处理问题。

事实上，听起来简单的成功秘诀其实牵扯了无数不同的方方面面，经过五年精心而巧妙的努力，才形成一个融为一体的可行方案。

马诺斯随后描述了"秘诀"中每个要素的情况：

第一个要素

为了形成一个法律框架，我们制定了一项公约——一项于1976年签署的条约。

与该公约一起，还有两项议定书，涉及紧急情况下，如海上油轮泄漏或船上载有危险品时，倾倒货物的条件和合作的条件。

为了确认可能遇到的许多困难，专家们要开会进行科学讨论，并请决策者参加这些会议，让他们在政府层面先进行政治运作，再做决定……我们正在应对的是运动着的海洋，鱼类和海岸线都受其影响。来自陆地的污染物被冲到海里，可能会漂到另一个国家的海岸线。马诺斯解释道："这就像几个邻居共用一个游泳池，要保持清洁，每个人都必须合作。"

第二个要素

研究和监测计划有助于提供急需的海洋状况信息。例如，这些数据可以帮助确定某些鱼类是否受到汞的影响。我们已经掌握了一套方法，并确定了需要关注的主要污染物，如石油产品、双对氯苯基三氯乙烷（DDT）等化学品，以及铅和汞等金属。

第三个要素

研究和监测的结果是创建活动从而提供解决方案。一些早已被创建的活动表明，各国对拯救地中海的方案给予了高度热情与关注。（已经开展了水产养殖活动，以及能源方面的工作。）

蓝色计划是活动的一部分。这个引人注目的名字体现了法国政府在戛纳设立的一个叫美狄亚的组织的愿望。它作为区域中心计划和精心设计的活动，旨在了解沿海地区各国的发展情况，包括扩大旅游业，建设炼油厂或炼钢厂等。蓝色计划就地中海几年后的样貌、是否应该做改变以及需要付出什么代价等问题，提出了一些意见。

第四个要素

机构设置的一部分是建立协调小组，负责"地中海"行动计划的执行，由马诺斯先生担任协调员。该小组的临时办公场所位于日内瓦，后来各国共同决定将其迁往地中海国家，西班牙、希腊、摩纳哥和黎巴嫩都表示欢迎将其迁入本国。

"地中海"项目成功的故事表明，政治上和意识形态上对立的国家有可能坐在一起，为共同利益制订一项计划——这次是为了保护海洋。有了这"第一个"成功案例，联合国环境规划署就有很大可能在七大海洋地区启动同样成功的行动计划。它将意味着对世界主要海洋进行彻底清理，帮助海洋摆脱污染和其他环境问题。

在学习联合国环境规划署"地中海"项目的同时，马耳他政府幼儿园及混合小学（位于马耳他圣瓜安的联合国教科文组织联合学校）[1]有个班的学生还开展了别的涉及当地环境污染的相关项目研究。该项目采用多学科的方法，讲授清洁、保护和合作的重要性和价值，并特别提到联合国环境规划署的作用。

大约 90 名 10—11 岁的儿童参加了对地中海污染性质和问题的研究，特别是联合国环境规划署开展的相关工作。

该项目已被广泛纳入常规课程活动，地中海沿岸的自然和政治特征成为地理课程内容的一个部分，学生对地中海地区的工业活动进行了调查，其中特别涉及马耳他日益加快的工业化进程。

在公民教育课上，学生检查了街道和海滩上垃圾的来源，并被鼓励保持自己的环境干净、整洁。

学生还按以下标题对地中海的具体污染源进行了研究。

来自油轮的石油。

地中海航行的油轮总是存在漏油的危险。学生收集了世界其他地区油轮漏油的照片，并指出了漏油对海洋生物、水生鸟类和旅游业的影响。

马耳他武装部队的一名成员向学生讲述了马耳他巡逻艇不断监视浮油的情况，并解释了发现油迹后的处理方法。

1　*International Understanding at School* (UNESCO, Paris), No. 36, p. 42.

污水。

学生讨论了污水的污染效应及其与肠道疾病的关系，如对该地区常见的肠炎和偶发的霍乱的影响。马耳他的排水系统扩建工程完工后，污水被排放到离海岸较远的地方，学生被带去参观了该扩建工程。他们还收集了污水净化厂的信息，该厂不久后便在马耳他投入运营。

化学毒物。

学生研究了工厂向海洋排放废物所产生的危险，并适时注意到当地工厂为避免这些危险而采取的措施。

学生详细讨论了联合国环境规划署的工作。

学生用各种材料，包括地中海地区的地图，展示地中海地区的地理特征、政治边界和人类活动，确定各种具有潜在危险性的行业的位置，并填写了油轮的路线。他们还使用幻灯片、电影和新闻材料，特别是通过实际使用显微镜，对纯净的水和被污染的水进行了比对，从而有机会了解到两者之间的差异。

大家感到，学生的"环境意识"更强了。

学生认识到，所有地中海国家在减缓海洋污染方面负有共同责任。项目学习帮助他们意识到，各国人民在很多方面相互依存。

联合学校的其他项目学习方法包括：

1. 边学边做（例如，植树）。
2. 先从当地视角，再从全球视角，研究问题（例如，水——世界性的问题）。

('We have to eat up millions and millions of trees to make paper.'

'Many forests are disappearing, and with them may go what's called the balance of nature, the oxygen we need to breathe. Even the climate may change. Unesco says that man should at least study ways of living with nature. He must develop and improve without destroying nature. Because if man destroys nature, he destroys himself. And then where will he be?'

("我们要消耗数百万棵树来造纸"、"许多森林正在消失,随之而来的是失去所谓的'自然平衡',缺少我们需要呼吸的氧气,甚至气候会发生变化。联合国教科文组织表示,人类至少应该研究与自然共存的方式,必须在不破坏自然的前提下,发展和改善与自然的关系。因为如果人类破坏自然,就是在破坏自身。那时候,人类将安在?")

图8-6 吉安·卡尔维绘,源自《教科文组织如何看待每个人的世界》。© 联合国教科文组织,1979

例1：植树（菲律宾）[1]

（苏邦达库小学、曼达韦城市学校、卡班卡兰第二小学）

为促进植树活动，三所学校联合开展了一个务实的"定向行动"项目。

在一名主管的指导下，大约4000名学生和180名教师以及社区成员参加了该项目，旨在培养学生必须保护自然的意识。

教师在该项目中参加了一个培训课程，学习树木在自然界中的重要作用、树木的不同类型及其使用方法，以及树木的种植和砍伐方式。这些要素被列入了自然科学和社会研究项目中。

学生们学会了根据树木在生态平衡中的作用来保护和利用树木，他们开始在家里和学校种植装饰性树木和果树，如芒果树和番石榴树等。

此外，他们在城里选了几个地方，种植"迷你森林"。

最后，学生们给所种树木列了一个质量和数量记录清单，并研究了它们的不同用途、美学效果及其对健康的影响。

---

[1] *International Understanding at School,* op. cit., No. 36, p. 44.

例 2：水——世界性的问题

（马耳他哈姆伦的男子小学）

迄今为止，我们一直在这个项目中饶有兴趣地研究人类适应环境的方式——竭尽人类所有的财富，不顾环境有时给人类的健康、教育和幸福造成的各种问题。

尽管我们发现环境有时对人类充满敌意、吝啬、拘束甚至危险，我们仍研究了环境有时对人类表示友好、宽容、帮助和满意的方式。

我们仔细研究了人类为克服困难对自然资源进行控制的方式。我们发现，为帮助较贫穷的国家研究它们的问题，已经成立专门的"协会"或"机构"来寻找解决问题的最佳方法，包括提供专家、材料、贷款或补助金等。我们所看到的最大问题之一是**缺乏淡水**。

健康、卫生、工业和农业领域一般都需要水。一个国家发展得越快，对清洁淡水的需求就越大，也越强烈。虽然来自海洋、河流、湖泊、地下水源等自然资源的水量保持不变，然而我们发现，随着发展中国家文化和工业的发展，水的消费量却在相应地增加。

本地问题

我们实际上是从研究我们本国的问题开始研究"水"的，这个问题是真实而尖锐的。为此，我们已经访问了马耳他不同地区的井眼、泵站和水库，参观了发电厂的蒸馏器，而且所有这些活动都得到了我们事先邀请的水利部专家的指引。我们绘制了参观地点的地图，复制了统计数据，制作了水泵、钻井平台、水田和马耳他梯田的图片和模型。

世界问题[1]

我们接着从当地场景转向世界场景,研究了严重缺水的地方——沙漠,和全年水源充足的地方——季风区。我们借助地图、图片、杂志剪辑和桔槔、阿基米德螺线、波斯或印度轮盘和野外井等的工作模型来开展研究。

我们发现,《联合国教科文组织通讯》和从联合国教科文组织马耳他俱乐部借来的联合国教科文组织彩色电影(16毫米有声胶片)以及教育部提供的大量电影带,对我们的研究确实非常有用。

在该项目的实施过程中,我们把联合国及其附属机构和组织,特别是联合国开发计划署的工作,作为研究重点。学校从联合国图片库获得了一套59张非常好的照片,它们展现了地中海沿岸16个国家农业生活的显著方面。

我们与文化专员联系,请他们就不同的土地发表演讲。

目前,我们仍在研究河道、瀑布、水坝、水分配、城镇规划和自制滤水器等的样式,以及显示世界各地年降雨量的大比例地图。

我们也正在研究一些古埃及、中国、罗马和马耳他(直到50年前)的城镇和家庭配水历史。

我们还需要学习和研究很多东西,在结束这项有趣的研究之前,我们希望能够与世界上不同国家讲英语的学校进行沟通。

---

1 *International Understanding at School*, op. cit., No. 36, p. 40.

第九章

社会情感教学法

在小学阶段教授国际合作有一个关键要素，即世界各地的许多教育工作者开始相信：它涉及的不只是运用认知教学法。教师认为，国际理解涉及态度、价值观和情感，它不仅需要在课上传授事实信息，还需要包括一个"情感"维度。这种把直觉感知与理性思维相结合的方法被称为"社会情感教学法"。它鼓励学生通过把经验（而不是"经典"学习）和理性分析相结合，从而更全面地理解自己和他人。

一切理解的情感基础在于共情。大卫·沃尔斯克（David Wolsk）在其著作《以体验为中心的课程》（*An Experience-centred Curriculum*）中，对"共情"做了如下定义：

与他人同一的感觉，这种感觉包含两个相关联的方面：（1）一种与他人相处时因为自信而产生的安全和放松的感觉；（2）一种可以学习掌握的对他人语言和非语言整体信息高度敏感和专注的技巧。[1]

因此，共情主要包含一种个人安全感，这种安全感允许一个人"进入"并参与到另一个人的情感或思想中。它需要一种先天或后天学会的对交流过程的关注。社会情感教学法试图培养的正是学生情感中这两方面的共情要素。

要建立自信和敏感，就需要进行"个人的"学习。因此，社会情感教学法涉及用"体验"方式教学，这种"体验"主要以自我为中心、以行动为导向，而且通常本质上是非语言的。下面是雷切尔·科恩（Rachel Cohen）对此的讨论：

1　David Wolsk, *An Experience-centred Curriculum*, Paris, UNESCO, 1975. (Educational Studies and Documents, No. 17.)

> 知识的积累不会使人感觉与邻居更加亲近。相反,人类通过自己的个人体验和对自己与他人行为的分析,才能更好地理解自己与他人的动机和情感,更好地理解构成人际交流基础的社会关系。
>
> 因此,社会情感教学法主要以群体中的一个人与大家分享的一种体验或体验情境为基础,这个人会通过描述和分析,来表达他所体验的事情、他的态度和他的反应,并逐渐认识自我,最后总结这种体验或体验情境与其他外部现实生活情境的关系。[1]

应该记住,这种"体验式"学习并不能取代认知学习。体验只是学习的第一步,接下来要对自己以前的态度和思想进行反思、分析和重新评估,这是一个情感和理性两方面得到发展的过程。

这种方法被认为适合所有年龄段的人,包括小学生。事实上,一些专家指出,幼儿尤其容易接受这种方法。雷切尔·科恩对这一观点表示支持[2]:

> 到底是幼儿的心理倾向于社会情感教学法,还是我们所说的概念过于抽象,幼儿无法理解?让我们看看事实。

---

[1] Rachel Cohen, "The Socio-affective Approach in Education for International Understanding at Primary Level", *International Understanding at School*, No. 33.

[2] 同上。

1 幼儿的兴趣中心是他自己、他的生活、他自己的存在：

因此，他完全愿意接受以他为中心、出发点和目的地的活动。

2 年幼的儿童首先是一个感性的存在：

他对自己外部世界的最初发现是通过成年人往往忘记的交流方式完成的：触觉、听觉、嗅觉、手势、叫喊……语言交流对儿童不如对成人重要。不同国籍的儿童互相不懂对方的语言，在一起快乐地玩耍而不需要言语交流，这并不少见。

成年人失去了这种能力：在儿童身上培养这种能力应该没有任何问题。

3 儿童的活动构成了这种认知和概念的习得基础：

现代教育工作者都熟知这一原则，并因此采取一种具体的方法，让儿童去实验、去操作、去行动……去传递，用沃伦的话说，"从行为到思想"[1]。

儿童喜欢体验情境，其过程为"行动—分析—概念"，这符合儿童自身的心理过程。

4 游戏的重要性：

许多人撰文指出了游戏作为一种儿童学习形式所发挥的功能性作用。[2] 儿童能很自然地生成游戏情境，且其天性和想象力都

---

1 Wallon, *De l'acte à la pensée*, Paris, Flammarion, 1942.
2 Claparède, *L'éducation fonctionnelle*, Paris, Delachaux & Niestlé, 1968.

图 9-1　英国的学生演绎珀耳塞福涅的神话

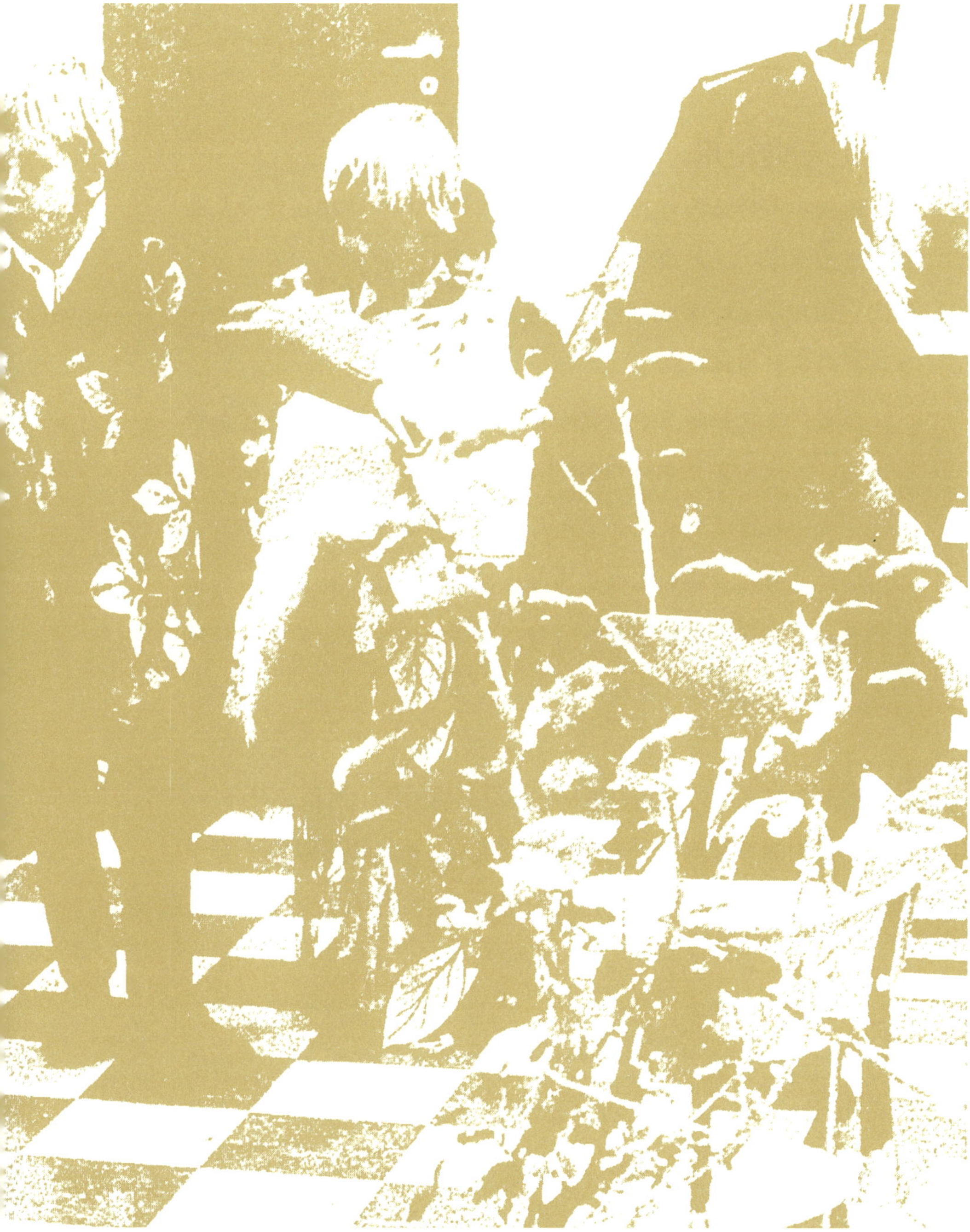

使其能自由地参与游戏。

5 语言的作用：

鼓励儿童描述其行为和动机，表达其反应和情绪，并将其感受转化为语言。我们由此不仅可以帮助开发一种以行动为导向的语言，还可以帮助开发一种涉及情感分析的更微妙的表达形式，并因此习得新的词汇。

总之，这是一种基于行动和具体情境的教学方法，通过分析和概括，可以发展儿童的判断、分析和批评能力，鼓励他们从具体的主观阶段过渡到抽象的客观阶段，对事物形成客观判断。

这就是为什么我们不仅认为社会情感教学法与儿童的心理完全相合，而且认为它充分尊重这种心理的自然发展，能够有效地和富有想象力地促进儿童心理成熟。

社会情感教学法，尤其是"体验情境"之后的讨论阶段，对许多小学、中学和更高级别的教师构成了一个特殊的挑战。教师既要认真引导学生，又要突显教学的自发性，这需要付出大量精力；由于社会情感教学法触及和表现了个人情感、价值观和态度，教师需要对学生的反应和评论高度敏感。尽管讨论阶段很棘手，却能带给师生巨大回报：赋予师生活力、新的发现和团结一致的群体感，而这些只是整个学习过程的一部分。大卫·沃尔斯克在他的研究[1]中描述了体验—讨论阶段的组成元素。

1　Wolsk, op.cit.

活动

体验情境 基本都是学生进行的简单活动，主要旨在为个人和群体分析和讨论提供共享体验，除此之外，几乎或根本没有其他目的……这里处理的大多数体验情境几乎不需要预先准备，也不需要道具。

自然的氛围有很多好处。它有助于学生毫不紧张地全身心投入活动中……有些活动，教师也得参加。当活动需要两人一组或四人一组展开，而班上的学生人数是奇数时，教师参与的情况就很自然地发生了。

游戏、实验、演示等体验情境**不能失败**。无论发生什么，包括意外，都与学生、教师、学校环境、外部事件等的特点有关。在课堂活动进行时，教师应该思想开放，为意外做好准备。当活动可以自由发展，并具有自身的内在动力时，它将对学生有更多的意义，他们的参与可以达到更深的层次。

讨论

在体验情境阶段结束时，提问"发生了什么"，通常这类问题就足以引起小组讨论。

在这一阶段，教师可以根据学生的年龄、班级规模、剩余的讨论时间等，设定多个角色，让每个人都分享体验。这样，那些害羞且通常不活跃的学生也能不那么困难地参与讨论，特别是对于"你觉得怎么样？"这样的讨论问题。

问题讨论往往会达到非常激烈和兴奋的程度，学生和教师都可以在任何方面自由发挥。体验情境的情感可以诱发幻想、幽默、愤怒、惊奇或愉悦的情绪，以及突然需要说点什么的情绪，即使有时所说的事情似乎与活动完全无关。其他时候，情境与讨论之间的关系会更加清晰，会被很多人理解和分享。为了使这种讨论发挥最大作用，教师应该把注意力从"课程大纲"转移到深受情感支配的学生身上。

当学生第一次体验这种教学方法时，教师需要更积极地提出问题，帮助学生更完整地描述他们对活动的反应，使讨论由描述转向深入分析并形成概念……对于11岁以下的学生，讨论的内容应更为有限和具体，主要涉及体验情境本身，所应用的现实生活情境通常来自学生自己的个人经历……与年龄大一点的学生相比，他们开展后续活动的机会较少，因此更多的学习将直接来自体验情境。这些年幼的学生往往希望重复这种情境，而这种重复对他们非常有用。在第二次或第三次体验情境时，他们的兴奋感会减弱，对个人和团体活动进程的关注度提高。对这个年龄段的学生，一些体验情境应该加以简化。

在讨论阶段结束后，年幼的学生可以用绘画或写作来表达他们对所发生事情的看法以及他们对事件的反应。这使他们能够自我反思，发表个人主张。这也让教师有机会更好地了解学生对体验式教学方法的反应。

关于体验情境的建议

体验情境有很多可能的选择。虽然教师可能想创建自己的体验游戏和情境，但是因为有些活动在小学阶段已被证明是成功的，可用作一般参考。雷切尔·科恩和大卫·沃尔斯克提出了若干实用的体验情境练习范例。

以下建议中，一部分是由巴黎教育与社会心理学研究所（IFPP）的一组教师学员提出的，该研究所的所长正是科恩女士；另一部分是由美国明尼苏达州穆尔黑德州立学院的实习教师在1976年夏天举行的一次研讨会上提出的。所描述的体验情境仅供对社会情感教学法感兴趣的教师试用。[1]

1. 被困深山[2]

【目的】调查一个群体的社会生活、人际关系、责任感和责任本身。

【用具】无。

【参与】全体或分两组。

【过程】教师告诉学生：我们正在山中小屋度寒假。一天晚上，一场雪崩席卷而来，把小屋与村庄其他部分阻隔开来。没有人受伤，电话还能用；我们有足够的食物、水和燃料，但救援人员要过几天才能到达。我们该怎么办？我们该如何组织起来？我们该如何度过漫长的白天和黑夜？

学生将表演再现这种情境，然后分析发生的事情。如何形成组织？谁来做领头人？制定哪些规则？组织哪些活动？这些活动如何演化？

2. 如果失去了眼睛

【目的】这个游戏的目的是探索可替代视觉的其他理解方式和方法，发展触觉、嗅觉和味觉，证明除了视觉和语言之外还有其他的交流和理解方式。

1　Cohen, op. cit.
2　对于生活在非高山国家的儿童，这种情境可以改为开阔的农村、平原或沙漠。

【识别物体】将不同的物体递给蒙上眼睛的学生，让他们辨别。

【识别食物】蔬菜、水果和其他食物。

【识别人物】捉迷藏是在所有国家都很流行的游戏。

【变体】学生互相描述。

【精确的语言】问学生该如何向盲童描述胡萝卜。

> 这些幼儿园孩子都玩过的感官游戏后来却没人玩了。一旦孩子们开始学习说话、阅读和写作后，他们的肢体语言和感官交流往往就会被教师忽略。
>
> 讨论可以引导学生反思他所看到、听到、闻到和触摸到的事物的真实性，以及事物的客观性。这种反思可以扩展到这样的问题：不同的人在面对不熟悉的物体或事物时是否会有相同的反应？例如，非洲儿童看到雪时会是什么反应？什么是熟悉的或什么是陌生的？为什么不熟悉的现象会引发恐惧和敌意？诸如此类的问题。
>
> 让学生倾听其他国家或其他历史时期的音乐，然后询问他们的感受，问他们是否欣赏不熟悉的音乐？为什么？

3. 哑剧和肢体语言

【目标】学习不用语言该如何交流；发现如何用不同手势或表情来表达不同情感；开展用手势交流的实验；以同样的方式表达和分享与他人同样的感受，形成共情。

【过程】每个学生不说话，用哑剧表演一两个特定的情境。观众必须猜测并解释通过哑剧、手势或身体动作表达的情感。题目可以由教师给定，也可以写在纸上，让学生任意抽签。

【讨论】所有的学生都喜欢游戏表演。但他们的表演方式都一样吗？为什么他们长大后会忘记肢体语言？有没有可能通过观察肢体语言来理解他人并阐释其表达的情感？各民族有相同的自我表达方式吗？同样的事情总是会引发同样的情感吗？过去的经历和家庭情况有什么影响？节日和仪式是不是表达了欢乐或悲伤？是不是所有民族都一样？

让学生回答：在语言不通的异国他乡该如何表达自我？

让学生考虑：其他国家的言语行为和面部表情以及风俗习惯如何表达快乐和悲伤等不同的情感？在不同的国家，相同的手势或表情意义相同吗？

我们现在能尝试用我们自己的语言来表达这些情感吗？能不能用其他语言再试试呢？我们对其他国家的节日和欢庆活动了解多少？我们对小丑和演员等职业模仿者了解多少？服饰或化妆会影响那些默默看着我们的人吗？外表的重要性是什么？我们有什么先入为主的观念吗？

【后续活动】学习其他国家的习俗、节日和服饰，以及它们的表达方式：音乐、舞蹈、文学等。开展形体表达和戏剧表演，创建学校或校外团体。

试图表达越来越复杂的情感。

学会放松，放松肌肉和表情，清空大脑思想。

制作服饰，学习民间舞蹈，组织节庆活动。

4. "黏土上的四只手"

这个练习展示了两个人合作决策的一些过程。独特的情境确保了强烈的参与感：需要闭上眼睛和嘴巴，两个陌生人一起工作。

应该像这样开始导入这堂课："在这个练习中，你和一个搭档配对练习，但是你并不知道搭档是谁，而且你既不许睁眼看，也不许开口说话。你们的任务是两个人合伙用黏土制作某样东西。"

在桌子四周放上黏土块，合作伙伴相对而坐，中间隔着黏土。如果可能的话，双方不应该靠得太近。

这对伙伴通常会在15到20分钟内完成任务，然后可以让他们睁开眼睛，相互交谈，四处走动，看看别人做了什么，并与他人交流，最后再进行有组织的课堂讨论。

问一个宽泛的问题，比如"这是什么样的体验"，全班就会讨论发生了什么。接下来可以向描述他们体验的人提出更具体的问题，这些问题可以集中在练习的三个方面：决策过程、交流以及感觉和情绪。

【决策过程】怎么决定制作什么？这是共同决定吗？什么决定了你们的选择？等等。

【交流】伙伴之间发生了哪种交流？是否有时候伙伴之一试图说话，而有时候交流"就那么发生了"？等等。

【感觉和情绪】从学生听指令的那一刻开始，让他们思考。自己在决定制作什么的过程中的感觉；在制作的过程中，当事情进展顺利和（或）不顺利时的感觉；他们因不能说话和看不见对方而感到的沮丧或快乐；他们对未知搭档的反应。

1　Wolsk, op. cit., p. 25.

是不是很多人都在猜测他们的搭档是谁？知道搭档是男孩还是女孩重要吗？

在谈过练习本身的事情之后，应该从一个或多个层面继续讨论，形成一些概念并将其应用到现实情境中。

人是什么？[1]

本教学单元包括通常不会向学生提出的三个问题。为了有足够的时间进行讨论，这三个问题通常分三节课讲授。

针对第一个问题，"什么是人"，学生们分成小组，列出答案清单。教师要求学生既要实事求是，又要有创造性，答案要尽可能宽泛和完整。例如，人是一种耳朵能对频率范围在20—20000Hz的声音做出反应的生物，人是一种会烤面包等的生物，等等。

在讨论开始之前，学生们可以将答案清单内容进行分类，而分类本身就是一个有趣的难题。师生可以从他们想到的任何方面讨论清单内容，但主要目标是确定和评估人类作为一个物种的所有特点的重要性。

针对第二个问题，"什么是（学生自己国籍的名称）人"，也可以采用同样的设计。结果通常与外国人对他们的刻板印象非常相似。然后，学生会兴致勃勃地讨论为什么会这样。此外，还有一个国民性的"真实性"问题。说英国人不同于法国人，这是什么意思？接下来可以问这样一个问题："法国农民是不是更像英国农民而不是巴黎人？"

针对第三个问题，"我是谁"，要让学生每人单独回答，答案也要求

1　Wolsk, op. cit., p. 43.

是一个字、词或句子，并列表呈现出来。然后，学生可能想尝试猜谜游戏：教师读出列表上的一个答案或前几个答案（事先得获得相关学生的许可），让全班学生猜是谁答的。

显然，从第一个问题到第二个问题，再到第三个问题，难度越来越大。为什么很难"把自己的想法写下来"？这是一个很好的问题，它涉及每个人的"我是谁"的答案列表上，每天或者每年的变化方式和保持情况不变的方式。最后，学生可以分析"塑造"他们人格的国家和个人普遍的行事方法和经验，由此引发"人格特征是遗传的还是后天习得的？"问题讨论。对学生来说，这非常有趣。

所有上述活动针对的目标都是：让参与者对自身及其他人的反应和行为中所体现的态度、价值观和情感进行反思。通过对一系列事实的学习和研究，学生才能分辨"对"或"错"的反应，发现此前被他们中许多人视为理所当然的一些错误态度。在群体情境中发现自我，往往会使群体成员之间产生团结、亲密和同情的感觉；学生往往会把相互欣赏作为他们体验的一部分，并了解到尽管他们之间存在着许多不易察觉的异同，但他们可以通过培养同情和宽容之心而和谐相处。因此，课堂上的合作与信任构成了国际理解、合作与和平的情感基础。

作为社会情感教学法的最后一个事例——"世界餐厅"[1]表明，在教授国际理解时，这种方法可以补充甚至超越单独的认知学习。这个例子既与人类需求和权利主题有关，也与所有当前的粮食和人口问题的研究有关。

---

[1] 哈肯·沃尔的《世界餐厅》文本；本克特·埃里克·赫丁的诗《圆桌》；埃里克·桑德加德的插图（除非另有说明）（插图版权由瑞典国际开发局购买）。1979年以瑞典语出版：Världen i skolan, Malmö, Liber.

第九章 | 社会情感教学法

世界餐厅

圆桌已经摆好，

上面放了属于每一个人的圆碟和勺子，

每一个人都有一份食物。

我们围着桌子坐成一圈，

坐在一起，等待食欲得到满足。

当我们一起吃饭时，人人都有食物。

图 9-2 埃里克·桑德加德绘

人和食物

今天[1]，世界上大约生产 13 亿吨粮食。"谷物"指的是小麦、燕麦、黑麦、玉米、大米和小米等。从这个总数中我们可以注意到：

在美国，每人每年平均消费 1 吨（1000 千克）的谷物。

在印度，每人每年平均消费 0.2 吨（200 千克）的谷物。

这意味着，如果每人都以美国的水平消费，将有足够的粮食养活 13 亿人……

另一方面，如果全世界的人口都按印度的水平消费粮食，那么将有足够的粮食供大约 65 亿人食用……

然而，每人每年 200 千克粮食够吗？不，当然不够。实际水平应该是每人 300 千克左右。按这个水平，大约 45 亿人可以获得食物。换句话说，今天世界上有足够的食物养活每个人。

如果粮食总产量平均分配给地球上的每个人，每人将获得大约 330 千克粮食。这可以进一步细化为每人每天可获得约 900 克粮食，其中约包含 3200 卡路里和 90 克蛋白质，这个水平应该足够一个人的生存所需。而除了谷物之外，鱼、蔬菜和肉类也必不可少。

---

[1] 对应本书英文版出版的 20 世纪 80 年代。——译者注

不公平的食物分配

然而，今天许多人并没有获得足够的食物，因为食物不是按比例分配的。教师会想，怎样才能让学生体验到这一事实背后的真相呢？于是，就有了一个想法……

欢迎来到世界餐厅！

> 我们有一片扁平的圆面包，
>
> 要分给大家，
>
> 每人一块。
>
> 当我们分面包时，
>
> 为了让每人，
>
> 得到满足，
>
> 每人一小块。

这所学校一至六年级共330名学生，每个年级人数差不多。遗憾的是，我们不能让所有学生同时进入餐厅，因为那样的话，餐厅就太拥挤了——或许这样安排也算不上好的教育体验。

因此，我们把学生分成三批，每批约100人，这样也便于统计百分比，因为每个学生相当于1%。

抽奖！

首先，所有人，包括教师和学生，排队站在餐厅门口。教师和学生以同样的条件参与实验。餐厅门口有一个人，手里拿着一个用剪报装饰的盒子。剪报拼出的是一张世界各地公民的迷宫图。图片上方是"你的大好机会"字样。盒子里有奖券。

抽一张奖券。
做一个世界公民！

每张奖券上要么画着男孩的脸，要么画着女孩的脸。这些面孔显示的是每张奖券抽取者来自世界的哪个地区。我们在标准尺寸的纸上印上抽奖券，然后把它们剪开，这样就有足够的奖券分给进入餐厅的每批学生。可以理解的是，盒子里的奖券数量与世界总人口必须成比例。

现在你已经抽到了一张奖券，你成了"世界公民"。

"你来自世界的哪个地方？看看这张世界地图！"

在餐厅入口旁边的墙上，有一幅巨大的世界地图。我们在一张大纸上投映幻灯片，制成了这张世界地图，并对它进行了描述。我们在地图上标出了世界不同地区对应的奖券。

我们安排两个大一点的学生站在地图旁边，帮助孩子们找到他们相应的奖券在地图上的位置。

"哦，真的，你来自亚洲！你也是！现在到餐厅去找你的桌子！"

图 9-3　奖券上的面孔

在世界餐厅内

在餐厅入口的上方，我们贴上了一个巨大的标牌，上面写着："欢迎来到世界餐厅！"

在餐厅里，我们把几张桌子移到了一起，以便为世界不同地区留出足够的空间。世界上每个公民都可以找到他或她各自所处相应地区的桌子。每张桌子上方都有一个标志，标明谁（哪个地区的人）将在那里吃饭。

可以理解的是，世界上一些地区的餐桌旁挤满了人。

欢迎入席！

57个亚洲人坐在一张相当小的桌子旁，因为人多拥挤，并非所有人都能坐下来吃饭，有人不得不站着……

……而10名非洲人坐在最大的桌子旁，空间充足。

当然，世界各个地区的桌子也被我们摆放得不一样。亚洲人站在一张没有桌布的桌子旁吃饭，桌子中间放了一个盛满温水的大碗。学生自己舀起水，倒进杯子里。

而北美洲人和欧洲人则坐在一张布置精美的桌子旁吃饭，桌上铺着红白相间的格子桌布，放着鲜花、点燃的蜡烛、盘子、餐具和酒杯。食物包括软面包和硬面包、花生酱、果酱和香肠，饮料可以选择橙汁、低脂或普通牛奶。这些学生还坐在非常舒适的椅子上。

现在是时候让所有学生坐在各自的桌子旁了。事实证明，他们中的大多数人必须站着。现在，他们都在等待食物：肉和米饭！

食物出现在画面中！

在厨房门上方，我们放置了一块牌子，上面写着"世界厨房"。门开了，餐厅的东道主穿着厨师制服走了出来，紧随其后的是井然有序的服务员队伍，他们都戴着标有不同著名食品制造公司标签的臂章。

然后，这些"世界东道主"及其助手开始给世界各地的"公民"端上食物。当然，不是每个人都能得到**同样的食物**。

不是每个人都有足够的食物

不是每个人都有足够的食物，
他们睁大眼睛贪婪地看着我们。
他们是和我们一样的人，
我们住在一起……

他们是和我们一样的人，
看着我们。
我们住在一起，
我们看到他们了吗？

北美洲人一次能吃到三大份食物，每次都有很多肉。一位惊讶的北美洲人礼貌地问道："先生，每天都是这样吗？"

亚洲人吃到了半份食物，其中大部分是米饭，只有一点点肉。

欧洲人得到两份食物，非洲人得到半份食物，南美洲人得到四分之三份食物。

学生吃着食物，其中大多数人对整个事件感到极为震惊。而就在学生吃饭时，世界东道主及其助手在餐厅里走来走去，问学生：

"味道好吗？"

"你想喝点果汁吗？"

现在，世界厨房的大门再次打开，世界东道主带着新盘子进来了。

"现在该吃甜点了！"校长用洪亮的声音说，"今天世界餐厅的特色是……冰激凌"。所有的孩子都欢呼雀跃。然而，校长却继续说道：

"是的，吃冰激凌，只是没有足够的冰激凌给每个人吃。我建议，只有北美洲人和欧洲人可以吃冰激凌。"于是，世界东道主开始端上冰激凌，给北美洲人每人两勺，给欧洲人每人一勺。然后，你该去看看世界餐厅发生了什么！

许多学生高声抗议，还有人哭了。

第一步

当然，这只是教育过程中的第一步。现在给这些学生一些时间来表达他们对所参与的事情的看法和亲身感受。

简述或绘画。

从报纸和杂志上剪下图片及其说明文字，然后把它们粘贴成墙报。确保你从本国的联合国协会获得了足够多的材料制作墙报，可以给墙报取名"我们和他们"。现在，也许有些孩子会发现世界不同地区存在贫富差异。

唱歌，读诗，了解不同人的日常生活状况。

阅读更多关于不同国家儿童的信息。奖券上的面孔都源于不同儿童书的图片。从图书馆借阅或从书店购买这些书，让学生自己更多地去读关于其他孩子日常生活和现实的书。

为什么事情会这样？

玛丽亚、卡洛斯、汤姆、哈西娜和世界上所有其他的儿童会怎么样？

为什么他们过着贫穷的生活，而瑞典、德意志联邦共和国、英国和美国等国公民却生活富裕？

为了改变这种不公正的状况，我们——包括你和我——能做些什么？

这些问题为我们教育过程的下一步奠定了基础。

第十章

评估方法

对所有教育工作者而言，如何衡量学生课堂学习进展是一个基本问题。以数学课为例，教学评估方法相对简单。但是，如何衡量那些旨在影响态度和行为模式的课堂教学呢？学生能否通过"国际理解"考试？学生成绩是否可以根据他们与他人合作的程度以及他们接受他人观点的能力来判定？当然不是如此简单。而评估却是必要的，尤其是为了让教师了解他们的教学手段是否成功。

尽管评估明显存在困难，但对于本书中讨论的这种教育，其实还是有相应的评估方法的，比如"真假判断题"或"选择题"的考试等测试方法。教师可以根据学生一学期或一学年课程学习测试的结果，检查学生的学习进展。由于学生的态度举止往往表明他们对课程或目标理解的实际程度，所以态度量表被成功应用于教学评估，或许以后还会得到更频繁地应用。应该记住的是，这些测试无法显示教学对学生态度举止的长期影响，教学（例如社会情感教学法）对态度举止的影响往往在以后的生活中才会突显，特别是当学生发现自己处于需要理解、合作、同情等情境时。

教师也可以用观察、讨论和开放式问题来评估学生。持续这样做，教师可以跟踪了解学生在课堂和操场行为中所表现出的态度和价值观的发展变化。

过去，在学校测试中占主导的，是从认知层次上评估学生获得的"知识"，因为这种知识更容易测量，也更容易评分。不幸的是，这往往导致人们追求"好成绩"或所谓的"实用"知识，而牺牲了像国际合作与理解这种课程教学的更高目标。有鉴于此，为有更高目标的课程分配课时和注意适当的评估方法是十分重要和有益的。

附录一

儿童权利宣言

（1959 年 11 月 20 日联合国大会通过）

序言

兹鉴于联合国各国人民在章程中重申了他们对基本人权、人的尊严和价值的信念，并决心在更大的自由中促进社会进步和提高生活水平；鉴于联合国在《世界人权宣言》中宣布，人人有权享有其中规定的所有权利和自由，不分种族、肤色、性别、语言、宗教、政治或其他见解、国籍或社会背景、财产、出身或其他身份而有任何差别；鉴于儿童因身心尚未成熟，在其出生前和出生后均需要特殊的保护和照顾，包括法律上的适当保护；鉴于此种特殊保护已在 1924 年《日内瓦儿童权利宣言》中予以说明，并在《世界人权宣言》和许多有关儿童福利的专门机构与国际组织的规章中得到确认；鉴于人类有责任给儿童以必须给予的最好待遇，因此，联合国大会发布这份《儿童权利宣言》，以期儿童能有幸福的童年，为其自身和社会的利益而享有宣言中所说明的各项权利和自由，并号召所有父母和一切男女个人以及各自愿组织、地方当局和各国政府确认这些权利，根据下列原则逐步采取立法和其他措施，力求使这些权利得以实行。

原则一

儿童应享有本宣言中所列举的一切权利。所有儿童，无一例外，均享有这些权利，不因其本人或家族的种族、肤色、性别、语言、宗教、政见或其他见解、国籍或社会背景、财产、出身或其他身份而受到差别对待或歧视。

原则二

儿童应受到特别保护，并应通过法律和其他方法而获得各种机会与便利，使其能在健康而正常的状态和拥有自由与尊严的条件下，得到身体、心智、道德、精神和社会等方面的发展。在为此目的而制定法律时，应以儿童的最大利益为首要考虑。

原则三

儿童自其出生之日起就有权获得姓名和国籍。

原则四

儿童应享受各种社会保障福利，应有权健康地成长和发展。为此，对儿童及其母亲应给予特别的照料和保护，包括产前和产后的适当照料。儿童应有权得到足够的营养、住房、娱乐和医疗服务。

原则五

对身体上、精神上或社交方面有缺陷的儿童，应根据其特殊情况的需要给予特别的治疗、教育和照料。

原则六

为了全面而协调地发展个性，儿童需要得到关爱和理解，应当尽可能地在其父母的照料和负责下成长，无论任何情况都应生活在亲情、道德和物质安全的氛围中。尚在幼年的儿童除非有特殊情况，否则不应与其母亲分离。

社会和公众事务当局应有责任对无家可归和难以维持生活的儿童给予特殊照顾，应该采取国家支付或其他援助的办法，使家庭人口众多的儿童能够维持生活。

原则七

儿童有受教育的权利，其所受的教育至少在初级阶段应是免费的和义务性的。儿童所受的教育应能增进其一般文化知识，并使其能在机会平等的基础上，发展各种才能、个人判断力和道德的与社会的责任感，从而成为社会有用的一分子。

儿童的最大利益，应成为对儿童教育和指导者的指导原则；儿童的父母首先负有责任。

儿童应有游戏和娱乐的充分机会，应使游戏和娱乐达到与教育相同的目的；社会和公众事务当局应尽力设法使儿童享有这种权利。

原则八

儿童在一切情况下均应属于首先受到保护和救助的对象。

原则九

儿童应被保护不受一切形式的忽视、虐待和剥削。

儿童不应成为任何形式的买卖对象。

儿童在达到最低限度的适当年龄以前不应受雇用。绝对不应致使或允许儿童从事可能损害其健康或教育，或者妨碍其身体、心智或品德发展的工作。

原则十

儿童应被保护而免受种族歧视、宗教歧视和任何其他方面歧视惯例的影响。应以谅解、宽容、各国人民友好、和平以及四海之内皆兄弟的精神教育儿童，使他们充分意识到应该把自己的精力和才能奉献于为人类服务。

附录二

**关于促进国际理解、合作与和平的教育
以及关于人权与基本自由的教育的建议**

（1974年11月19日于巴黎举行的联合国教科文组织大会第18届会议通过）

联合国教育、科学及文化组织大会于1974年10月17日至11月23日在巴黎举行第18届会议，谨记各国有责任通过教育实现《联合国宪章》、《联合国教科文组织章程》、《世界人权宣言》和1949年8月12日签订的《关于保护战争受难者的日内瓦公约》等设定的目标，以促进国际理解、合作与和平以及对人权与基本自由的尊重，并重申教科文组织有责任在成员国鼓励和支持旨在确保全民教育以促进正义、自由、人权与和平的任何活动。然而，鉴于教科文组织及其成员国的活动有时只对稳步增长的学生、年轻人和继续接受教育的成年人以及教育工作者中的一小部分人产生影响，且国际教育的课程和方法并不总是符合参与学习的年轻人和成年人的需求和愿望；鉴于其所宣称的理想、目标在一些情况下和实际情况之间仍然存在很大差距；鉴于第17届会议已决定向成员国推荐这种国际教育，大会决定采纳 1974 年 11 月 19 日表决通过的本建议。

大会建议各成员国应根据各自的宪法惯例，采取可能需要的立法或其他措施，在各国领土范围内执行本建议所规定的原则。

大会建议各成员国应提请负责学校教育、高等教育和校外教育的当局、部门或机构，以及在青年和成年人中开展教育工作的各种组织，如学生和青年运动组织，学生家长协会、教师工会和其他利益相关方，关注本建议。

大会建议各成员国按照大会决定的日期和形式，向大会提交报告，说明它们根据本建议所采取的行动。

一、术语的意义

1. 就本建议的目的而言：

（1）"教育"一词的内涵涉及社会生活的各个方面。为了国家和国际社会的利益，个人和社会团体在国家和国际社会内部，通过教育，学会有意识地发展个人的全部才能、态度和知识，而教育本身并不局限于任何特定的活动。

（2）"国际理解"、"合作"与"和平"这些术语应被视为一个不可分割的整体，其基础是不同社会和政治制度的人民和国家之间友好相处的原则，以及对人权和基本自由的尊重。在本建议的文本中，这些术语的不同内涵有时汇集在一起，形成一个简洁的表达，即"国际教育"。

（3）"人权"和"基本自由"是指《联合国宪章》、《世界人权宣言》和《经济、社会和文化权利国际公约》以及《公民权利和政治权利国际公约》中定义的权利。

二、范围

2. 本建议适用于所有阶段和各种形式的教育。

三、指导原则

3. 教育应融入《联合国宪章》、《联合国教科文组织章程》和《世界人权宣言》所规定的目标和宗旨，特别是《世界人权宣言》第26条第2款的规定："教育应旨在全面发展人的个性，加强对人权和基本自由的尊重。它应促进所有国家、种族或宗教团体之间的理解、宽容和友谊，并应促进联合国维护和平的活动。"

4. 为了使每个人都能为实现第3款所述目标做出积极贡献，并促进解决世界问题所必需的国际团结与合作，以防这些问题影响个人和社区生活以及基本权利和自由的行使，以下目标应被视为教育政策的主要指导原则：

（1）各级各类教育应具有国际维度和全球视野；

（2）理解和尊重所有民族及其文化、文明、价值观和生活方式，包括国内各民族文化和其他国家的文化；

（3）认识到各国人民和各国之间日益增长的全球相互依存关系；

（4）具有与他人沟通的能力；

（5）认识到个人、社会团体和国家彼此之间承担的权利和义务；

（6）理解国际团结与合作的必要性；

（7）个人愿意随时参与解决其社区、国家和整个世界的问题。

5. 国际教育应将学习、培训、信息和行动相结合，促进个人适当的智力和情感发展。它应该培养个人对社会的责任感、对较弱势群体的支持和对日常生活中平等原则的遵守。它还应有助于培养个人的素质、天资和能力，使其能对国家和国际层面的问题有批判性的理解：理解和阐释事实、观点和思想，进行团队合作，接受并参与自由讨论，遵守适用于任何讨论的基本议事规则，并基于对相关事实和因素的理性分析做出价值判断和决定。

6. 教育应强调不允许为扩张、侵略和统治目的而诉诸战争，或为镇压目的而使用武力和暴力，并应使每个人理解和承担起维护和平的责任。它应有助于国际理解和世界和平的巩固，有助于反对一切形式和表现的殖民主义和新殖民主义，反对一切形式和种类的种族主义、法西斯主义、种族隔离以及其他滋生民族和种族仇恨并违背本建议宗旨的意识形态活动。

四、国家政策、规划和管理

7. 每个成员国应制定和实施国家政策，以提高各种形式教育的效率，并为促进国际理解与合作，维护和发展公正与和平，建立社会正义，尊重与应用人权和基本自由，消除妨碍实现这些目标的偏见、误解、不平等和一切形式的不公正，做出更大贡献。

8. 成员国应与全国委员会合作，采取措施，确保各部委之间协调合作，共同规划和实施国际教育方面的协调行动方案。

9. 成员国应根据其宪法规定，提供执行本建议所需的财政、行政、物质和道义支持。

五、学习、培训和行动的特定方面

道德和公民方面

10. 成员国应采取适当措施，在学习和培训过程中，在承认各国和人民之间彼此平等并有必要相互依存的前提下，强化和培养正确的态度和行为。

11. 成员国应采取措施，确保《世界人权宣言》和《消除一切形式种族歧视国际公约》所包含的原则，通过在各级各类的教育日常工作中的应用，成为每个儿童、青少年、年轻人和成年人人格发展的组成部分，并使每个人都按指定的方向，为教育的改造和扩展做出个人贡献。

12. 成员国应敦促教育工作者与学生、家长、相关组织和社区合作，用能激发儿童和青少年创造性想象的方法，吸引他们参与社会活动，使他们能够准备在承认和尊重他人权利的同时，行使自己的权利和自由，履行自己的社会责任。

13. 成员国应在教育的每个阶段促进积极的公民培训，使每个人都能了解地方、国家或国际公共机构的运作和工作方法，从而熟悉解决根本问题的程序，并参与社区的文化生活和公共事务。在可能的情况下，这种参与应该越来越多地将教育与解决地方、国家和国际层面问题的行动联系起来。

14. 教育应包括对国家间矛盾和紧张关系背后的经济和政治本质因素，无论是历史的还是当代的因素，进行批判性的分析，并研究克服这些矛盾和紧张关系的方法，因为它们是影响相互理解、实现国际合作和世界和平发展的真正障碍。

15. 教育应强调各国人民的真正利益及其与经济和政治权力垄断集团

利益的不相容，因为这些垄断集团实行剥削并煽动战争。

16. 学生参与学习组织和教育机构活动本身应被视为公民教育的一个元素，也是国际教育的一个重要元素。

文化方面

17. 成员国应在不同阶段和不同类型的教育中，为鼓励不同文化相互欣赏彼此的差异，推动学生学习不同文化及其相互影响，了解不同文化的观点和生活方式。虽然这种学习涉及面很广，而为了促进跨国和跨文化理解，须对外语教学以及文明和文化遗产的教学给予应有的重视。

对人类主要问题的研究

18. 影响人类生存和福祉的主要问题包括不平等、不公正、基于武力的国际关系等，教育既应着眼于消除使这些问题持续恶化的情况，也应着眼于可能有助于解决这些问题的国际合作措施。这方面的教育必然具有跨学科的性质，应涉及以下问题：

（1）各国人民的平等权利，各国人民的自决权。

（2）和平的维护；不同类型的战争及其因果；裁军；科学技术应用于战争的不容许可；科学技术在和平与进步事业中的运用；国家间经济、文化和政治关系的性质和影响，以及国际法对维护这些关系的重要性，特别是对维护和平的重要性。

（3）确保包括难民权利在内的人权得到落实和遵守的举措，种族主义及其根除，反对各种形式歧视的斗争。

（4）经济增长和社会发展及其与社会正义的关系，殖民主义和非殖民化，协助发展中国家的方式、方法，扫盲斗争，抗击疾病和饥荒的运动，争取更高品质生活的努力和可达到的最高健康标准，人口增长及相关问题。

（5）自然资源的使用、管理和保护，以及环境污染问题。

（6）人类文化遗产保护问题。

（7）联合国体系在解决此类问题的努力中发挥的作用和行动方法，以及加强和推进其行动的可能性。

19. 成员国应采取措施，对那些直接关系到国际关系中日益多样化的义务与责任履行的科学和学科展开深入研究。

20. 成员国应鼓励教育当局和教育工作者，根据本建议规划开展跨学科、以问题为导向的教育，其内容涉及人权应用和国际合作以及人类相互影响、相互支持和团结一致的理念阐释，须随问题的复杂度加以调整。此类项目应以充分的研究、实验和明确的特定教育目标为基础。

21. 成员应努力确保给予国际教育活动特别关注和资源保障，尤其是当这种活动的开展涉及特别微妙或爆炸性的社会问题，如明显的受教育机会不等问题这种情况之时。

六、各教育部门的行动

22. 成员国应更加努力，在所有阶段和所有形式的教育中，发展和注入跨国和跨文化层面的教育。

23. 成员国应利用在联合国教科文组织帮助下开展国际教育项目的联合学校的经验。与成员国相关学校有关的人员，应进一步努力将联合学校的项目推广到其他教育机构，并努力推广其成果的应用；其他成员国应尽快采取类似行动，研究和传播其他已成功开展国际教育项目的教育机构的经验。

24. 随着学前教育的发展，成员国应鼓励在学前教育中开展符合本建议宗旨的活动，因为人们对事物的基本态度，例如对种族的态度，往往是在学龄前形成的。在这方面，父母的态度应被视为儿童教育的一个必要因素，所以第 30 款中提到的成人教育应得到特别重视，为家长在学前教育中发挥作用做好准备。在设计和组织第一所这类学校时，应营造一种具有自身特点和价值的社会环境，使儿童在这个包括游戏和多种社会情境的环境中，意识到自己的权利，在承担责任的同时自由主张自己的权利，并通过直接体验，提高和扩大他们对越来越大的团体——家庭、学校，然后是地方、国家和世界团体的归属感。

25. 成员国应敦促有关当局以及教师和学生，定期对中学以上教育和大学教育的改进方法进行重新审视，以使其为更充分地达成本建议目标做出更大贡献。

26. 高等教育应包含全体学生的公民培训和学习活动，使学生了解其应该帮助解决的主要问题，进而有可能为解决这些问题采取直接而持续的行动，同时提高他们的国际合作意识。

27. 由于中学以上的教育机构，特别是大学，要为越来越多的人提供服务，它们应把国际教育项目作为扩大终身教育作用的组成部分，在所有教学中采取综合方法，利用一切可用的交流手段，向人们提供适合他们真正兴趣、关注问题和愿望的学习和活动机会及设备。

28. 为了发展国际合作的研究和实践，中学以上的教育机构应系统地利用其角色所固有的国际合作形式，例如外国教授和学生的访问，以及不同国家教授和研究团队之间的专业合作，尤其应该对影响外国学生和主办单位交流的语言的、社会的、情感的和文化的障碍、紧张关系、态度和行为进行研究和实验。

29. 专业职业培训的每个阶段，都应通过培训使学生能够了解自身和所从事职业在社会发展、国际合作深化及和平维护和发展方面的作用，并尽早积极发挥其作用。

30. 无论包括成人教育在内的校外教育的目的和形式如何，都应基于以下考虑：

（1）应尽可能在所有校外教育活动中采用综合方法，包括适当的道德的、公民的、文化的、科技的国际教育元素。

（2）有关各方应共同努力，适应并利用大众传媒、自我教育和互动学习等方法，以及博物馆和公共图书馆等机构，向个人传达相关知识，培养其良好的态度和采取积极行动的意愿，并传播符合本建议目标的教育活动和项目的相关知识和理解。

（3）有关各方，无论是公共还是私人团体，都应努力利用一切有利的条件和机会，例如青年中心和俱乐部、文化中心、社区中心或工会的社会和文化活动，青年集会和节日，体育赛事，与外国游客、学生或移民的接触，以及其他一般的人员交流。

31. 应采取措施，协助建立和发展诸如联合国学生和教师协会、国际关系俱乐部和教科文组织俱乐部之类的组织，这些组织应与国际教育协调项目的筹备和实施相联系。

32. 成员国应努力确保在学校和校外教育的每个阶段，对根据本建议目标开展的活动进行协调，使其在不同层次和类型的教育、学习和培训课程中，形成一个连贯的整体。本建议中固有的合作和联合原则应适用于所有教育活动。

七、师资准备

33.成员国应不断改进教师和其他教育人员的培养认证方法和手段，以便他们为实现本建议的目标发挥作用，为此应做到以下几点：

（1）为教师提供后续工作的动力；致力于人权伦理和改变社会的目标，以便在实践中落实人权；领会人类的根本统一性；能够培养人对文化多样性赋予每个个体、群体或国家的财富的欣赏。

（2）主要通过解决世界问题和国际合作问题，而不是其他方法，来提供关于这些问题的跨学科基础知识。

（3）使教师自己做好准备，在考虑到学生的愿望并与学生密切合作的基础上，积极参与国际教育项目、教育设备和教材的设计。

（4）用主动的方法对最基本的评估技术，尤其是适用于儿童、青少年和成年人社会行为和态度的评估技术，进行教育和培训。

（5）培养学生的才能和技巧，如教育创新和继续培训的愿望和能力；培养团队合作和跨学科研究的经验；掌握群体相互作用的知识；以及培养创造和利用有利机会的能力。

（6）开展国际教育的实验研究，特别是在其他国家进行的创新实验，并尽一切可能为相关人员提供与外籍教师直接接触的机会。

34.成员国应对发布指示、进行监督或引导的相关人员，如检查员、教育顾问、师范学院校长以及年轻人和成年人教育活动的组织者，提供相关培训、资讯和建议，使他们能够帮助教师努力实现本建议的目标，并顾及年轻人对解决国际问题和可能实现心愿的新教育方法的期待。为此，成员国应组织有关国际和跨文化教育的研讨会或进修课程，使官方人士和教师聚集在一起交流；组织其他的研讨会或课程，让监督人员和教师与诸如家长、学生和教师协会之类的相关群体会面。由于必然存在渐进而深刻的教育作用变化，所以必须在培训、资讯和建议中，反映出对教育机构中结构和层级关系进行重塑的实验结果。

35. 成员国应努力确保：在职教师或人事责任领导的任何进一步培训项目都包括国际教育成分和比较各自在国际教育方面经验的机会。

36. 成员国应特别通过颁发奖学金，鼓励和促进教师参加国外的教育研究和课程进修，并鼓励将此类活动作为教师初始培训、任命、进修培训和晋升的常规过程之一。

37. 成员国应组织或协助各级教育机构的教师开展双边交流。

八、教育设备和材料

38. 鉴于在许多国家中学生主要通过校外大众媒体获取有关国际事务的大部分知识，促进国际教育设备和材料的更新、制作、传播和交流方面进一步努力。为满足那些关心国际教育者所表达的需求，应集中力量克服教具缺乏的问题，并提高教具质量。为此，应采取以下措施：

（1）应适当和建设性地利用从教科书到电视的各种可用设备和辅助工具，以及新的教育技术。

（2）在教学中应有专门的大众传媒教育内容，以帮助学生选择和分析大众传媒所传达的信息。

（3）采用引入国际元素的综合方法，在教科书和所有其他学习辅助工具中，作为呈现各个国家各个地方不同主题的各个方面的框架，说明人类科学和文化的历史，并适当考虑视觉艺术和音乐作为有助于理解不同文化的要素的价值。

（4）应在联合国、教科文组织和其他专门机构提供的信息帮助下，以该国的一种或多种教学语言，编写具有跨学科性质的书面和视听材料，说明人类面临的主要问题，表明在各种情况下国际合作的必要性及其实际形式。

（5）应编制并与其他国家交流文件和其他材料，来说明各个国家的文化和生活方式、面临的主要问题及其对世界范围内所关注的活动的参与情况。

39. 成员国应促进采取适当措施，确保教育辅助工具，特别是教科书，不存在容易引起对其他群体或民族的误解、不信任、种族主义反应、蔑视或仇恨的因素。材料应提供广泛的知识背景，有助于学习者评估通过大众媒体传播的信息和思想，即使大众传媒可能与本建议的目标背道而驰。

40. 成员国应根据各自需要和可能性，建立或帮助建立一个或多个文献中心，提供按本建议的目标设计的书面和视听教材，供各级各类教育使用。这些中心的设计应旨在促进国际教育改革，特别是通过开发和传播创新思想和材料促进改革。同时，这些中心还应组织和促进与其他国家的信息交流。

九、研究和实验

41. 成员国应鼓励和支持研究国际教育的基础、指导原则、实施手段和效果，以及该领域的创新和实验活动，例如联合学校正在进行的创新和实验活动。这个举措要求大学、研究机构和中心、教师培训机构、成人教育培训中心和适当的非政府组织通力合作。

42. 成员国应采取适当措施，确保教师和各有关官方机构在健全的心理和社会基础上，运用各国的研究成果开展国际教育。这些研究成果涉及有利或不利的态度和行为的形成与发展，态度变化，个性发展与教育的相互作用，以及教育活动正反两方面的影响，其中很大一部分与关心国际问题和国际关系的年轻人的期望有关。

十、国际合作

43. 成员国应将国际合作当作发展国际教育的责任。在执行本建议时，应避免干预根据《联合国宪章》基本上属于任何国家国内管辖范围的事项，而应以自己的行动证明，执行本建议本身就是一项国际理解与合作活动。例如，它们应组织或帮助有关官方机构和非政府组织安排越来越多的国际教育会议和研究会，强化工人协会和成人教育协会接待外国学生、研究人员、教师和教育工作者的计划，促进学童互访和师生交流，扩大和加强关于文化和生活方式的信息交流，安排翻译、改编和传播来自其他国家的信息和建议。

44. 成员国应在教科文组织的帮助下，鼓励其联合学校之间以及与其他国家的联合学校之间开展合作，以便通过在更广阔的国际视野中拓展经验，促进互利共赢。

45. 成员国应鼓励更广泛地交流教科书，尤其是历史和地理教科书，并应酌情采取措施，如有可能，缔结双边和多边协议，相互学习和修订教科书和其他教育材料，以确保其准确、公正、包含不带偏见的最新信息，从而增进不同民族之间的相互了解和理解。

附录三

本书中提及的联合国教科文组织的联合学校

【阿根廷】

罗萨里奥市 J.J. 乌尔基扎全国妇女商业学校

（Escuela Nacional de Comercio de Mujeres "J. J. Urquiza", Rosario）

门多萨省圣马丁市何塞·曼努埃尔·埃斯特拉达国立商学院

（Escuela Nacional de Comercio "José Manuel Estrada", SanMartín, Mendoza）

科尔多瓦省玛丽亚别墅市贝纳迪诺·里瓦达维亚高中

（Instituto Secundario "Bernardino Rivadavia", Villa María, Córdoba）

科尔多瓦省玛丽亚别墅市维克托·默坎特学校

（Escuela "Víctor Mercante", Villa María, Córdoba）

【奥地利】

林茨市苏特罗勒大街的豪普特舒勒中学

（Hauptschule, Südtirolerstrasse, Linz）

【比利时】

经批准的教师培训学校

（École Normale Gardienne Agréée, Celles）

布鲁塞尔市和平鸽学校

（École "La Colombe de la Paix", Brussels）

【保加利亚】

普罗夫迪夫市伊万·瓦佐夫学校

（"Ivan Vazov" School, Plovdiv）

【哥伦比亚】

布卡拉曼加市女子师范学校

（Escuela Normal de Señoritas, Bucaramanga）

【捷克斯洛伐克[1]】

布拉迪斯拉发市扎克拉德纳·德瓦特罗卡纳·斯卡拉（基础九年制学校）

[Zakladná Devatrocná Skola, Bratislava（basic 9-year school）]

---

1 今斯洛伐克。——译者注

【法国】

塞夫尔州立学院国际部

（Collège d'État, Section Internationale, Sèvres）

桑布雷 – 阿维诺瓦教育集团（北部）

[Groupe Scolaire de Sambre-Avernois（Nord）]

【德意志联邦共和国[1]】

库尔姆巴赫市国家职业培训学校

（Staatliche Berufsschule mit Berufsaufbauschule,Kulmbach）

【希腊】

卡雷亚斯男女混合中学

（Lycée Mixte, Kareas）

【印度】

中央邦雷瓦第一公立高等中学

（Government Martand Higher Secondary School No.1,Rewa,M.P.）

【印度尼西亚】

万隆教师培训学校

（SPGNI, Teacher Training School, Bandung）

---

1 今德国。——译者注

【日本】

东京新宿区西山小学

（Nishitoyama Primary School, Shinjuku Ward, Tokyo）

【马耳他】

伯克卡拉女子小学

（Girls' Primary School, Birkirkara）

苏瑞科女子中学

（Girls' Secondary School, Zurrieq）

皮埃塔政府混合小学

（Government Mixed Primary School, Pieta）

圣格温政府幼儿园及混合小学

（Government Mixed Primary and Infant School, San Gwann）

哈姆伦的维多利亚大道男子小学

（Boys' Primary School, Victoria Avenue, Hamrun）

【毛里求斯】

森林边的帝国理工学院

（Imperial College, Forest Side）

【墨西哥】

墨西哥城的墨西哥西尔维斯特·雷维尔塔斯学校

（Mexico Escuela "Silvestre Revueltas", Mexico City）

【尼泊尔】

萨拉希区马朗瓦市斯里公共职业高中

（Sri Public Vocational High School, Malangwa, Sarlahi）

加德满都市普尔平镇特里布万·阿达莎·马迪亚米德·维迪亚拉亚学校

（Tribhuvan Adarsha Madhyamid Vidyalaya,Phurphing, Kathmandu）

【菲律宾】

巴西兰省伊莎贝拉市巴西兰学校分部

（Basilan Schools Division, Isabela, Basilan）

甘马磷省阿巴诺试点小学

（Abano Pilot Elementary School, Camarines）

奎松市 E. 罗德里格斯高中

（E. Rodriguez High School, Quezon City）

阿尔拜省塔巴科市塔巴科国立高中

（Tabaco National High School, Tabaco, Albay）

碧瑶市的碧瑶市立高中

（Baguio City High School, Baguio City）

卡尔巴约市的卡尔巴约试点学校

（Calbayog Pilot School, Calbayog）

马尼拉市胡安·卢纳小学

（Juan Luna Elementary School, Manila）

苏邦达库小学

（Subangdaku Elementary School）

曼达韦城市学校

（Mandaue City School）

卡班卡兰第二小学

（Cabancalan 2 Elementary School）

【波兰】

帕比亚尼采市居里夫人街波兰家乡军第十五小学

（Szkola Podstawowa No.15 im M. S. Curie, Pabianice）

华沙市兹米乔斯卡中学

（Lycée Zmichowska, Warsaw）

【瑞士】

萨嫩市约翰·F.肯尼迪国际小学

（John F. Kennedy International Primary School, Saanen）

【英国】

斯克拉普托夫特的莱斯特理工学院

（Leicester Polytechnic, Scraptoft）

【美国】

加州奥克兰市贝拉维斯塔儿童中心

（Bella Vista Children's Center, Oakland, California）

译名对照

community	共同体
conflict and conflict-solving situations	冲突和冲突化解的情境
education for International Co-operation and Peace	国际合作与和平教育
empathy, trust and co-operation	同理心、信任感和合作精神
exchange programmes	互访项目
expect the Unexpected	期待意外
extra-curricular projects	课外项目
Experiment in International Living	国际生活实验
international awareness	国际意识
internationalism	国际主义
International Understanding at School	《校内国际理解》
international understanding	国际理解
Kenworthy's wheel	肯沃西圆轮
Learning by doing	做中学
nationalism	民族主义

pen pals	笔友
prejudice	偏见
Shoebox to Cultures	文化鞋盒
stereotype	刻板印象
The Blue Plan	蓝色计划
The Med Programme	"地中海"方案
the socio-affective approach	社会情感教学法
UNESCO Associated Schools	联合国教科文组织联合学校